CRISTINA PERI-ROSSI

Solitario de amor

TERCERA EDICIÓN

el espejo de tinta

grijalbo

EL ESPEJO DE TINTA
Colección dirigida por Laura Freixas

Diseño de la cubierta:
Enric Batlle i Llorenç Martí

© 1988, CRISTINA PERI ROSSI
© 1988, EDICIONES GRIJALBO, S.A.
        Aragó, 385, Barcelona
Tercera edición
Reservados todos los derechos
ISBN: 84-253-2046-1
Depósito Legal: B. 16.801-1989
Impreso en Hurope, S.A., Recared, 2, Barcelona

... los gestos extraños
que para matar al Amor
hacen los amantes.

PAUL VALÉRY

Amar es dar lo que no se tiene a quien no es.

LACAN

Aída se queja de llamadas telefónicas anónimas; un comunicante clandestino que no osa decir su nombre, ni hablar, ni proponerle citas, que se conforma con su «Hola» airado, y luego recibe pasivamente una sarta de improperios.

—¿Cómo sabes que es un hombre? —pregunto, con aparente indiferencia.

—Las mujeres son más valientes —dice Aída.

No sabe que yo sería ese comunicante anónimo; yo podría, también, marcar su número, tembloroso, y esperar con ansiedad el sonido de su voz. Y para evitar el áspero «Hola» de Aída irritada (para evitar sus improperios frente al tímido silencio), la llamaría a horas diferentes; entonces, desprevenida, el «Hola» de Aída no sería áspero ni iracundo, sería un «Hola» espontáneo, con timbres, monedas y un pez en el agua.

—A veces golpea suavemente el audífono, quizás con las uñas, como si fuera una frase que tengo que descifrar —agrega Aída.

Aída no conoce el código Morse. El comunicante anónimo no sabe que Aída ignora el morse, y quizás esa posibilidad lo anima: lo que no dice con la voz lo expresa con menudos golpes cifrados. Citas audaces o imprevistas: «A las cinco, en El Habana: yo iré de traje oscuro y camisa blanca, llevaré un pañuelo lila en el bolsillo de la chaqueta, me gustaría que fueras de sandalias».

Al amanecer, me entretengo pensando en todas las citas frustradas del comunicante anónimo.

—Seguramente no es nada lírico lo que me propone —dice Aída, que no puede creer en el lirismo de nadie. Ni en el mío. De modo que estoy condenado a vivirlo en soledad.

A veces, defiendo, sin querer, al comunicante anónimo.

—Sólo el lirismo es secreto, inconfesable —le digo a Aída. Quioscos llenos de revistas, láminas con sexos grandes como fauces de animales bestiales, primarios, antediluvianos—. La obscenidad es pública —agrego—, ya no produce ni excitación ni sorpresa.

Sólo un loco, un lírico solitario sería capaz de proponerle a Aída una cita en el umbrario de la Ciudadela, un paseo por la escalera marítima, una visita al museo de zoología. En cambio, Aída rechaza varias propues-

8

tas para fiestas íntimas, con exhibición de desnudos e intercambios sexuales. Propuestas de hombres y mujeres.

—No creo que exista algo tan pecaminoso como para no poder ser dicho —declaro. (Sin embargo, Aída, algunas de mis fantasías son inconfesables. Tendría vergüenza, no de haberlas concebido, sino de habértelas confesado.)

—No sé lo que desea ese hombre —dice Aída y, por un momento, me ruborizo: ¿es a mí a quien ha dirigido, sin querer, esa frase?

—Mejor te vas, no quiero que el niño te encuentre al despertarse.

Amanece color tanino. Todos los días amanece del mismo color, en esta ciudad de cielos lánguidos, pastosos, que diluyen los contornos. Me gustaría quedarme un poco más en tu casa, mirar la claridad metálica del cielo a través de las ventanas. Los techos son de tejas oscuras: el plumaje azul de águilas gigantes.

—No me gustan las águilas —le digo a Aída.

—Tengo que poner la ropa en la máquina, preparar el desayuno del niño y hacer las compras.

Sale del amor con un extraordinario vigor para las cosas cotidianas. Como si el amor hubiera sido sólo una pausa en los quehaceres,

9

una isla fugitiva en el mar espeso de la rutina. Una isla en la que apenas hemos reposado, viajeros intermitentes. Yo, en cambio, naufrago en nebulosas olas lejanas: el amor me traslada, me transporta, me separa de las cosas. Vago, viajero perdido, en vagas holandas, en dinamarcas brumosas. No podría decir cuándo ha comenzado el placer ni cuándo ha terminado. Podría no haber empezado en la piel ni haber terminado en un clítoris encajado a la boca como una llave en la perfecta cerradura. Y nada habría cambiado.

Envuelto en sueños lánguidos como velos, como volutas azules, la veo ponerse de pie, encender un cigarrillo, beber agua.

—Si me miras así, no puedo levantarme —dice, ya de pie.

Como una fotografía bien contrastada, en blanco y negro, su cuerpo, desnudo, se dibuja contra el fondo de la pared. La foto, fija, detendría este minuto para siempre: Aída en el acto de calzarse una sandalia, levemente inclinada hacia abajo, dándome la espalda, los muslos gemelos apenas separados por una breve línea (más oscura), la columna vertebral arqueada con suavidad, la línea casi recta de los hombros, la cavidad a ambos lados del cuello, donde yo hurgo, como en el fondo de un lago antediluviano. Aída no tiene cintura, y eso da a su cuerpo una extraordinaria armonía: no hay cortes abruptos, no hay entradas y salidas, sólo una leve inclinación del vientre (pego mi oreja contra su superficie y procuro escuchar el rumor de sus vísceras: el lento bullir del hígado, las imperceptibles contracciones del píloro, las vibraciones del colon, clepsidra invisible, el lento ronroneo de la vesícula —tortuga hundida en el aljibe—, las maquinaciones del estómago y el bostezo de los intestinos). Las piernas, solemnes, columnas sin arcos, se prolongan hacia arriba. Aída no se desplaza por partes, como otras mujeres: es una entidad única, indivisible, con algo de giganta en una playa desierta, con algo de matrona romana en un patio de piedra. Mirándola, nada más ajeno que un junco, que esas frágiles porcelanas de nuestras abuelas, de los soñadores románticos. El vello del pubis, abundante y oscuro, la protege de las miradas obscenas. Mi mirada (mi múltiple mirada: te miro desde el pasado remoto del mar y de la piedra, del hombre y de la mujer neolíticos, del antiguo pez que fuimos una vez lejana, del volcán que nos arrojó, de la madera tallada, de la pesca y de la caza; te miro desde otros que no son enteramente yo y sin embargo; te miro desde la fría lucidez de tu madre y la confusa pasión de tu padre, desde el rencor de tu hermano y la envidia menoscabante de tus amigas; te miro desde mi avergonzado macho cabrío y desde mi parte de mujer enamorada de otra mujer; te miro desde la vejez que a veces —«Estoy cansada», dices— asoma en tus ojeras, en las arrugas de la frente), hipnotizada, la sigue, perruna, hambrienta, pasiva y paciente: así algunos ojos al pez en el acuario, sus sinuosos movimientos; así el apóstol las parábolas rojas del fuego; así el puma la huella de la sangre; así la cabellera las fluctuaciones onduladas del viento; así el tímido principiante la fuerza del brujo. Aída no advierte mi hechizo, de modo que nada puede hacer para exorcizarme: estoy condenado a vivirlo en angustiosa soledad.

—Es tarde —dice Aída.

¿Pasa el tiempo? Instalado en una eternidad fija como un lago de cristal me vuelvo inmutable, perenne: tengo una sola dimensión, la del espacio. Los poros te miran, te miran las venas, las arterias y las cavidades. No he escuchado el ruido de la lavadora que encendiste: los sonidos no tienen ningún tiempo que atravesar en mi contemplación estática.

Leo diarios viejos. El tiempo sólo existe hacia atrás: algún martes, algún viernes anterior en que un hombre violó a una muchacha, un hombre mató a su mujer, hubo un incendio, una central ardió, la bolsa subió, una actriz se suicidó.

Sólo cuando abandono la casa de Aída consigo romper la fascinación del tiempo cristalizado, en la que he flotado, pez sonámbulo. Salgo a la calle, arrojado de mi estanque. Entonces, súbitamente, aparecen, abruptos, brutales, los sonidos. Crujientes ortópteros con ruedas y bocinas atraviesan, enloquecidos, las largas avenidas. Trepidantes jeringas perforan espasmódicamente el suelo, cavan fosos. Los frenos rascan el pavimento grisáceo. Nazco violentamente al sol y al ruido. Nazco entre residuos y ronquidos. La vida bulle, grasienta, maloliente, sonora. Los instrumentos se mezclan, la partitura es confusa. Nazco y de inmediato soy expulsado a una isla de hormigón y de cemento, rugiente, hormiguero bárbaro. Destetado demasiado pronto, soy el huérfano de Aída en un mundo que no conozco y que me hiere con su luz violenta, con su precipitación y su ruido. Camino sin rumbo, viajero extraviado en una tierra colonizada por otros. Me cuesta integrarme a la colmena, he perdido la identidad.

—Contra la neurosis y el delirio, lo mejor es someterse a una rutina, como a una dieta —dice Raúl—. Si se consigue ordenar los actos, día a día, posiblemente se organice la estructura interior.

13

Una rutina: eso es lo que Raúl me recomienda.

Cuando se levanta, Aída abre la ducha. El agua cae, aunque ella no está: escucho el límpido tintineo, a veces lo confundo con el de su orina, en tránsito hacia el baño pasa a mi lado con un vestido sobre los hombros, oigo el agua, miro la falda, «Levántate», me dice, «Desayuna con pomelo», aconseja Raúl, todas las mañanas, hay que construirse una rutina. Construirse una rutina como un edificio de varias plantas: el piso inferior, la base, un buen desayuno. Compro ostras para desayunar con Aída. Abre la boca. «Es un animal *muscoso*», le digo. «Y musgoso», dice ella. Mucosa contra mucosa; ostra, boca. El celo de la ostra, su boca. Su boca en celo devora la ostra. *En su lengua, la ostra es un músculo.* Animales húmedos, en contacto ávido. No obstante la desnudez de Aída tiene algo de ascética, de impermeable: como la de los grandes ídolos asirios. Es un desnudo limpio, sin residuos nocturnos, sin adherencias. Como si siempre estuviera recién salida del baño. Entonces las palabras, las viejas palabras de toda la vida, aparecen, súbitamente, ellas también desnudas, frescas, resplandecientes, crudas, con toda su potencia, con todo su peso, desprendidas del uso, en toda su pureza, como si se hubieran bañado en una fuente primigenia. Como si Aída las hubiera parido entre los dientes, y una vez rota la tela de los labios —bolsa prenatal— estallaran, rojas, imberbes, iguales a sí mismas. El lenguaje convencional estalla, bosque desfoliado, nazco entre las sábanas de Aída y conmigo nacen otras palabras, otros sonidos, muerte y resurrección. No amo su piel, sino su epidermis: la blanca membrana que cubre sus brazos, sus extremidades, su cuello, su nuca, su pie, sus brazos, su codo, su fémur, sus axilas y sus falanges. Cobro una lucidez repentina acerca del lenguaje. Como si las palabras surgieran de una oculta caverna, arrancadas con pico y martillo, separadas de las otras, duras gemas cuya belleza hay que descubrir bajo la pátina de sarro y ganga. No amo sus olores, amo sus secreciones: el sudor escaso y salado que asoma entre ambos senos; la saliva densa que se instala en sus comisuras, como un pozo de espuma; la sinuosa bilis que vomita cuando está cansada; la oxidada sangre menstrual, con la que dibujo signos cretenses sobre su espalda; el humor transparente de su nariz; la espléndida y sonora orina de caballo que cae como cascada de sus largas y anchas piernas abiertas. Nazco y me despojo de eufemismos; no amo su cuerpo, estoy amando su hígado membranoso de imperceptible pálpito, la blanca esclerótica de sus ojos, el endometrio san-

cavidad

cavidad

15

grante, el lóbulo agujereado, las estrías de las uñas, el pequeño y turbulento apéndice intestinal, las amígdalas rojas como guindas, el oculto mastoides, la mandíbula crujiente, las meninges inflamables, el paladar abovedado, las raíces de los dientes, el lunar marrón del hombro, la carótida tensa como una cuerda, los pulmones envenenados por el humo, el pequeño clítoris engarzado en la vulva como un faro. No la toco: la palpo con la impudicia de un ciego.

Los ciegos no ven: reconocen. Los ojos sin luz de los ciegos no se dirigen a las cosas o a los seres —que no ven—, sino a unos modelos ideales, abstractos, que están en la caverna. Los ojos de los ciegos no están a la altura de los objetos terrenales, sino más arriba: en el espacio del sueño. Sólo sus manos están a la altura de los objetos. Su operación es esencial: el mensaje de las manos —forma, textura, calor, frío, humedad, peso— es remitido a la memoria de la especie, a unos modelos ideales de los cuales el objeto es sólo una de las posibles representaciones. En cambio, nosotros, los videntes, permanecemos sujetos a la diversidad de lo aparente, a la multipli-

16

cidad de lo sensible, a lo engañoso particular. Seducidos y atrapados en la inagotable diversidad, no elevamos los ojos. Toco a Aída como un ciego: lenta y meticulosamente, para reconocerla. No necesito elevar los ojos, porque miro con dos miradas simultáneas: la aparente que recorre la superficie, y la mirada del ciego, que remite lo mirado a la memoria de la especie. La palpo como quien ha de (re)conocer antes de nombrar: Aída se abre la blusa de seda blanca, asoman dos medios mundos concéntricos, paralelos (la tierra y su doble), los coge con las palmas, asiéndolos por los costados y aproximándolos, la tierra y su imagen se acercan progresivamente, y desaparece el espacio que los separaba, ahora los medios mundos son gemelos umbilicales, se hinchan y se inflaman, rojizos, opulentos: ubres. La palabra surge, revienta del fondo olvidado de mi infancia, estalla con su fuerza primigenia. Lamo tus ubres como un ternero glotón y escucho el bullicio de la sangre en tus glándulas mamarias, el gentío de tu corazón, y de inmediato, cuando separas un seno del otro, palpitantes como ciudades, surge la otra palabra, densa, cargada: urbes. Ahora miro tus senos como dos ciudades superpobladas que descansan de la actividad del día. Dos ciudades ajenas, separadas por un río, que se desconocen entre sí. La que se eleva en la orilla izquierda del río debe ser Bílbilis. La ciudad de Marcial. La ciudad desaparecida.

—Sólo amas ciudades que ya no existen —murmura Aída.

Ciudades que ya no existen, pueblos desaparecidos. Los que la marea arrastró y sepultó lejos. Los que el tornado alzó y dispersó, como cenizas. Los que el fuego devoró. Los que la guerra calcinó y ahora son desiertos. Ciudades que ya no existen, como lenguas extinguidas.

La que se eleva a la orilla derecha del río debe ser Viedma, de la Patagonia.

—Una ciudad que ya no existe y otra que todavía no es —rezonga Aída.

—Hemos recuperado el espacio de lo sagrado —le digo a Aída: volvemos a tener la capacidad de bautizar.

Voy poniendo nombres a las partes de Aída, soy el primer hombre, asombrado y azorado, balbuceante, babeante, babélico, y en medio de la confusión de mi nacimiento, inmerso en el misterio, murmuro sonidos viscerales que (re)conocer. Palpo su cuerpo, imagen del mundo, y bautizo los órganos; emocionado, saco palabras como piedras arcaicas y las instalo en las partes de Aída, como eslabones de mi ignorancia.

El lenguaje debió de nacer así, de la pasión, no de la razón. Soy el primer hombre

18

(asombrado y azorado) que ante la majestuosidad de los océanos, loco de terror, debe nombrar al agua que lo sitia, las olas que lo embisten, el miedo a la oscuridad, el dolor de una mordedura, el horror a la muerte. Soy el primer hombre que, asombrado y azorado, debe nombrar su angustia, su alegría y su furor. El primer hombre que, desde la oscuridad de sus vísceras, extrae a borbotones un grito gutural y profundo, un grito lleno de hilachas y de ramas, de sangre y de saliva para nombrar la pasión que lo acosa. Soy el primer hombre y el último: aquello que no nombre morirá en el silencio, el peor castigo. Y cuando tus pezones se hinchan bajo la blusa negra que mojo con saliva, despuntan, erectos, bajo la tela, cuando tus pezones, pegados al tejido sobresalen, firmes y erguidos, la palabra brota de mi deseo apocalíptico: clavijas, digo; entonces, con la delicadeza y la sabiduría del manipulador de violines, mis dedos, de lejos, comienzan la operación de acercarse; mis dedos, que antes he limpiado y frotado con crema, descienden, y oprimiendo tus pezones los torneo, los ajusto, los ciño a la arandela de los pechos. Soy el torneador de senos, el violinista que ajusta las clavijas antes de escuchar, anheloso, de tu boca entreabierta, de tu boca húmeda con lagunas de saliva, el primer sonido, la nota arrancada de tu gar-

19

ganta, ulular de ballena en alta mar, el son inaudito, el grito cósmico. La tierra prepara su eclosión mientras yo te pulso; de tu boca enrojecida, inflamada (cráter espumoso), va surgiendo un rumor, un clamor; ajusto por última vez las clavijas y tu grito se precipita, desde las entrañas se pronuncia, desde la garganta, el vientre y los pulmones: el grito te nombra y te identifica, te funda y te cimenta, te bautiza y te confirma: Aída.

—El lenguaje lo inventaron las mujeres para nombrar lo que parían —dice Aída desde la cama. La espalda apoyada contra la pared coral, la gran espalda que se recorta como la figura de un ídolo asirio, las piernas abiertas en triángulo, los brazos lánguidos a ambos lados del cuerpo, la mano derecha sosteniendo un cigarrillo, la camisa negra entreabierta, por donde asoman, rosados, los pezones erizados.

—Una vez —le digo— soñé con dos lunas paralelas. Una era la opuesta a la otra. Brillaban en el cielo, simultáneas. Era de noche y, en el sueño, sentí la inminencia de una revelación. No sabía (o lo olvidé) que las dos lunas paralelas son el símbolo del Apocalipsis.

Pero no sé, en cambio, qué anuncian tus

dos pezones, soles paralelos. Los miro y me miran. A veces, si estoy echado, se inclinan un poco hacia abajo, para poder mirarme mejor. Siento que me miras con dos pares de ojos: los de tu cara que se pasean por mi cuerpo desnudo y los ojos de tus senos, que me buscan el rostro, que examinan mi boca, mi nariz, la frente, las mejillas. Digo que tu camisa es un balcón y que los pezones, curiosos como mujeres, se asoman para mirar hacia afuera, no soportan mucho tiempo la vida de clausura. Tus pezones, dos mujeres encerradas que buscan la luz, el afuera, lo diverso. Y cuando te vistes, es como si las volvieras a encerrar. Es como si, de golpe, cerraras los ojos. Entonces, sólo te quedan los ojos de la cara para mirarme, y yo siento nostalgia de los otros. (Los ojos de Aída no tienen pestañas, miran fríamente, exentos de piedad.) Provista sólo con los ojos de la cara, Aída es una mujer indiferente: le falta algo, como a las mujeres de los cuadros de Magritte.

—Algo pierdes al cerrar los ojos de los senos —le digo.

Aída guarda sus senos como se cierra un libro. El vestido, las cubiertas. Entonces, es como si se quedara ciega. Los párpados abultados se inclinan, la pupila se opaca, la luz huye. Vestida, Aída es una mujer que no ve. Vestida, Aída es una mujer sola.

—Hay gente a quien su desnudez la viste —digo—, y hay gente que, al vestirse, se queda sola.

La plenitud de Aída es su desnudez. Seguramente, si pudiera ir desnuda por la calle, si pudiera ir al trabajo desnuda, si por la casa, las avenidas y los cines, Aída permaneciera siempre desnuda, nadie diría que es una mujer sola. Sus senos, sus pezones, el vello largo del pubis la acompañarían, fuera donde fuera, y el respeto, a su alrededor, crecería como un bosque. Su cuerpo, un punto menos que opulento, la protegería. Vestida, en cambio, Aída es una mujer vulnerable. Como si la ropa fuera una segunda piel, incómoda, un disfraz levemente opuesto. El vestido es la interdicción.

Hablar en lenguas. La expresión, que descubro al azar, conversando con otra mujer, me remite, otra vez, a Aída. *Nos amamos en lenguas*, pienso, como dos extranjeros que sólo conocen, del otro, unas pocas frases, ciertos signos, algunos símbolos.

22

Cuando Aída sufre una crisis de angustia, se dirige, como una autómata, a la nueva estación de trenes, brillante e iluminada como un aeropuerto, repleta de viajeros que van y vienen, de quioscos relucientes donde se ofrecen diarios en todas las lenguas, revistas, libros, flores, *souvenirs*, muñecas de porcelana, animales de peluche, radios de bolsillo y cigarrillos extranjeros. Yo, que la amo, la sigo un poco de lejos, aunque sé que si interviniera, si su mirada de mujer perdida me encontrara por azar, no me reconocería. La veo moverse, caminar con torpeza, como un gran animal del Mesozoico, demasiado pesado para el agua, demasiado grande para la tierra, demasiado ciego para volar. Con algo de las enormes tortugas marinas, perezosas, lentas e inmemoriales; con algo de ensimismado rumiante, que mastica y mastica una bola de angustia perfectamente circular, que no acaba de digerir ni de expulsar. Con algo de niña que ha crecido precozmente y no sabe cómo desplazarse, perdida en un espacio adulto que no le corresponde todavía. Así va, matrona romana por los patios de una casa que no es la suya, bacante ebria escapada del coro que canta en el desierto. Camina ensimismadamente, vuelta hacia adentro, un lugar interior vacío cuya soledad la aterra, una casa sin ventanas, un huerto desolado por el vendaval.

23

—Anoche he vuelto a soñar con un hotel —dice, desamparada.

Aída sueña con hoteles vacíos, en una ciudad que no conoce, en una calle súbitamente desierta, en un país extraño. Sola, como una niña a quien su madre no ha dado nombre todavía. Sola, como una extranjera amnésica, anestesiada, que ha olvidado la razón de su viaje. Exiliada en un territorio desconocido, del cual ignora la lengua, las costumbres, los vestidos, la tradición. Noche a noche se sumerge en el sueño como en un continente desconocido, sin casas erigidas, sin familias acogedoras, sin rostros conocidos. Cada noche hay un hotel diferente, que mira con aversión, ella, sedentaria como los grandes baobabs, ella, que ama las casas fijas, las que no se mueven ni cuando sopla la tramontana, el mistral, el rencoroso viento del Sur, bocanada de dragón que llega del desierto. Ella, que ama la casa parental, el útero de ladrillo y de cemento donde masticó la cal de las paredes, lamió la tierra del jardín, bebió el agua rezumada por los sumideros.

Pero, a la noche, habita los insidiosos hoteles flotantes de un sueño simbólico, de un sueño repetitivo como una cifra obsesiva cuyo secreto se nos escapa.

—No quiero más hoteles, no más, no más —implora a la mañana, niña de pecho asustada de sí misma, de su propio imaginario.

He de construirle una casa nocturna para que habite en sueños. Una casa acogedora como el vientre de una madre, tierna como las nanas de los niños, fija como las grandes raíces de nogal, repleta de animales domésticos y de alfombras de terciopelo.

—No me gustan los animales que viven dentro de las casas —dice, de pronto, rencorosa.

Si no son animales verdaderos, han de ser animales de peluche. Un mapache ojeroso amante del agua de sus flores. Un elefante del que envidie la memoria, ella que no puede olvidar jamás. Un aterciopelado oso panda, amante de la lluvia y de los bambúes que florecen una vez cada cien años. («¿Todos al mismo tiempo?», pregunta Aída, incrédula.)

He de construirle una casa nocturna para que la habite en sueños, con paredes desmontables que pueda cambiar de lugar cada vez que, cansada del espacio (y no del tiempo), Aída, como los arquitectos llenos de sueños, pueda recomponer a la medida de su ánimo.

—Nunca saldría de esa casa —dice Aída, de pronto agorafóbica.

Habría, además, numerosos vasos de cristal para tus flores. Las flores que amas por encima de todas las cosas y que dispones, serena y concentrada, en búcaros azul de Prusia, en vasos de plata altos como tallos, en transparentes y delicados jarros que vibran con los agudos de tus sopranos favoritas. Las turbias belladonas que excitan y provocan, a la larga, una embriagadora languidez. Los pequeños jazmines del paraíso, apetecibles como lichys, suaves como los labios del sexo de las niñas. Las relucientes e incitantes amarantas, exóticas en tu país, vulgares allende el océano. Los jazmines de poeta, humildes y blancos, teñidos de vino baudelairiano. Las turbadoras lilas, con su filamento amarillo. Como las antiguas sacerdotisas de templos profanos, colocas la ofrenda de las flores en la esquina —altar— de la sala que de pronto se impregna de esencias mezcladas: el seco olor del hachís —idéntico al de tu piel—, el noble olor de la madera de tus muebles, el perfume ácido del champán de una cava secreta que se pronuncia como una clave entre los acólitos. Y yo —que sueño barcos que se desplazan velozmente hacia un destino que sólo yo intuyo, entre el temor y la pena— podría quedar así, suspendido de una contemplación perversa —por atemporal— de tus suaves manos disponiendo las flores comunes, las flores raras.

—Te gustan más las flores de laboratorio que las flores naturales —me dices, en un reproche. Son flores perversas: nacidas para otra cosa, el cultivo —la cultura— las desna-

26

turalizó, como ese hombre que sólo puede desear a las mujeres que tienen un pequeño defecto en el labio, un ojo de vidrio, un seno con dos pezones. Por eso, quizás, prefiero el pino azul, en medio de una floresta de pinos verdes.

Yo debería desplazar, lentamente, ese hotel, esos hoteles por donde deambulas nocturnamente, como una extranjera perdida. Yo, que sueño vertiginosos barcos que conducen a alguna parte, amada y odiada al mismo tiempo. Barcos que se deslizan entre otros barcos, llenos de pasajeros que ignoran el rumbo, que desconocen el destino. He llegado a amar esos barcos. Sólo por su familiaridad. Sólo porque aparecen en mis sueños en medio de mares platos, grises, estáticos como piedras.

—¿Huyen? —pregunta Aída.

—No —respondo. No son barcos fantasmas: más bien creo que desplazan a viajeros fantasmales, que han perdido el sentido del tiempo y del espacio.

Como yo. Hipnotizado por la contemplación de Aída, soy un hombre de ningún lugar, de cualquier tiempo, un hombre encerrado en un museo que contempla las huellas que en las paredes dejaron otros hombres, ansiosos por fijar la transitoriedad de todas las cosas. Mi ansiedad, en cambio, es fijar la mirada. La mirada que se alarga y se prolonga en la densidad de un tiempo sin tiempo, igual a la eternidad y a la muerte. Sólo desde mí la mirada ve lo que quiere ver, sin la traición de la lente, de la pluma, del sonido. Inútil evocarte en las fotografías que te he tomado por sorpresa y con torpeza; inútil intentar evocarte en la música de los otros, en los textos clásicos y modernos. Sólo sería un fragmento de mi mirada, una pequeña porción reducidora de la amplitud de mi propia lente.

—No me amas a mí, amas tu mirada —dice Aída, inseducible. Pero mi mirada se alimenta de tus fobias y de tus temores, de tus duelos y de tus deseos, de tus vidas anteriores, de los nombres que tuviste en otras épocas, de las niñas que fuiste, de tus menstruaciones dolorosas, de los orgasmos arrancados como la concha adherida a la piedra.

¿Hay alguien que haya amado alguna vez otra cosa que no sea su mirada?

La construcción del puerto, en un pequeño plano antiguo, teñido de rosa y de celeste, tiene la perfección del diseño de un sueño repetido, más real, entonces, que los dibujos diurnos. Del plano se ha eliminado la noción de tiempo, sólo persiste el espacio, perfectamente distribuido, armoniosamente proporcionado. Las corrientes de agua están representadas por diminutas ondulaciones paralelas, unas iguales a las otras, de color celeste. La elevación de la montaña, al pie de la bahía, tiene la perfecta forma de un cono truncado, exento de vegetación, teñido de rosa. Al fondo del pequeño mapa hay una isla lejana, completamente verde, sin árboles ni casas, y desde el extremo de la bahía, cruzando un aire muy puro (tan puro que parece irreal), atraviesa el espacio un largo entramado de hierros (idénticos al techo de la nueva estación de trenes, donde Aída se pasea, única criatura sin rumbo) destinado a conducir un hipotético teleférico, cuadrado como una jaula. El teléfri-

29

co no llegó nunca a construirse; en cambio, el entramado de hierro persiste, como un puente abandonado, como una escalera mecánica que a nada conduce.

—Berlín es así —dice Aída, y creo que se refiere a la nueva ciudad, diseñada por arquitectos holandeses, un poco antes de la construcción del muro; entonces, las plantas de las tiendas quedaron demasiado grandes para una ciudad dividida, y las gigantes escaleras de metal, eléctricas, que conducen de la planta baja a un piso montante, se deslizan en soledad, suben y bajan sin trasladar a nadie, como un juguete roto, cuyo funcionamiento es imposible detener. Como un almacén desierto. Como una rueda girando en el vacío, en el parque de atracciones, moviéndose en el aire sin desplazar a nadie.

Aída ama los pequeños planos antiguos de ciudades que ya perdieron la armonía, de calles geométricamente diseñadas, trastornadas después por la especulación del suelo, por la ambición acumulativa. En cambio, estos pequeños planos salidos como de sueños geométricos, perfectamente equilibrados, la devuelven a un espacio perdido de serenidad y belleza. La veo detenerse frente a cada pieza, en el viejo edificio de la Cofradía de Ingenieros, como ante esas estilizadas joyas antiguas de artesanos que armonizaban piedras preciosas como inscripciones de un texto sagrado, cuya sabiduría se perdió. Se compra la joya para lucirla, pero nadie sabe si la rara combinación de esmeraldas biseladas y diáfanos diamantes encierra una maldición o un conjuro, y el vanidoso cuello que la porta bien puede ser un altar o una cruz.

—Son planos de paraísos perdidos —le digo a Aída, que observa atentamente el dibujo de una plaza —hoy inexistente—, perfectamente circular, pero adornada con arcos desiguales: uno de medio punto, uno elíptico, uno lanceolado. Aída mira en el pequeño plano color ocre cómo los arcos se elevan, dibujados con tiralíneas y compás, y yo la contemplo mirar, subyugado por el espacio que va de sus ojos de grandes y pesados párpados, como bóvedas, al diminuto plano de una plaza soñada por un arquitecto enamorado de los arcos, como yo de Aída.

—Vamos a cerrar —anuncia el ujier, y sin embargo, las plantas de Aída, firmes sobre el encerado de parqué, se resisten a abandonar los pequeños dibujos, el entramado de una ciudad pensada por arquitectos que jamás llegaron a construirla, por ingenieros que guardaron los planos de puentes y de mercados en viejos cajones, donde languidecieron.

—Son planos de paraísos perdidos —le digo a Aída, otra vez, mientras dulcemente in-

31

tento separarla de esa contemplación hipnótica, asiéndola por el codo. Percibo una seca resistencia en su cuerpo, como cuando no quiere ser despertada. Como cuando en la calle, Aída quiere ser una mujer libre, una mujer sola, una mujer separada.

A la salida, Aída compra una lámina de suaves colores pastel, con el dibujo de un puente sobre el mar, un compás y una regla. Ha comenzado a llover, en esta ciudad de largos veranos sin agua, de secos inviernos, y los alrededores del viejo edificio de la Cofradía de Ingenieros están desiertos. Hay altos muros que impiden mirar hacia adentro («Los ricos se protegen de la mirada de los pobres», le digo a Aída, que intenta cubrirse los cabellos con un diario), por donde asoman las copas de suaves árboles que se tornean con la lluvia, sauces lacrimosos, oscilantes acacias que arrastran melenas largas, pinos azules como salidos de una ilustración antigua. Con el agua, los perfumes que se elevan por encima del muro blanco, extenso como una calle, se vuelven húmedos, intensos. El aire parece adquirir una transparencia de cristal. Se descubren reflejos antes inexistentes, espejos lanceolados, ecos de formas en otras formas, luces que se abren como abanicos. El arco iris, otro arco, en alguna parte se está formando, naciendo de la luz, a nuestras espaldas, del sol que pronto —demasiado pronto para mi amor al agua, para mi amor por Aída— volverá a aparecer, algo más pálido, con la fuerza languideciente de un enfermo.

—Esta debió de ser la luz del paraíso —le digo a Aída, que camina, sigilosa, con temor a caerse, por la estrecha franja de pavimento bajo el muro.

La luz del paraíso: un cielo nacarado, con pátinas de cobre, el verde intenso de las hojas mojadas, la tierra negra que rezuma, el musgo empapado, el azufre de unas nubes que resbalan como sobre una pista encerada, el rumor del agua que se escurre de las hojas, de los muros, la soledad de Aída y yo de pronto solos, únicos habitantes de un paraíso húmedo y silencioso que lentamente se desflora, que se pierde después del diluvio. La luz del paraíso: mientras caminamos lentamente por la estrecha franja de camino, bajo el muro, los verdes de las plantas se intensifican hasta alcanzar el negro, los troncos se vuelven acerados, brillan las puntas de las hojas como bolas de cristal donde todo el mundo creado e increado se refleja, y presiento, bajo las losas de jardines ocultos tras los muros, el bullir de los insectos, el crujido de morosos arácnidos, la actividad creciente de las arañas, el despertar de los gusanos, el desperezarse de los grasientos escarabajos.

En la soledad del paraíso anterior a la caída, Aída es una mujer sin ombligo todavía: la parida por nadie, la mujer sin madre, la que no tiene nombre, ni antepasados, ni progenie, ni marido. La amo en la inmensidad de un paraíso goteante, con reflejos que se responden como ecos. La amo en la soledad de un paraíso a punto de perderse, de destruirse, en cuanto las sandalias de Aída, mojadas, atraviesen la delgada frontera de la Cofradía de Ingenieros y se posen en la vereda opuesta, que aguarda tras la esquina, infierno de ruido y de turba, de puertas de metal y escaleras mecánicas, donde volverá a ser, otra vez, la mujer dotada de ombligo.

—Eres una mujer sin ombligo —alcanzo a gritarle, a punto de doblar la esquina. Aída, sorda, gira. Eleva, sorprendida, la cabeza. Mira el cielo opaco, amusco. Se escucha el sordo rumor de los autos, la bocina de una sirena descompuesta. Después, mira hacia sus pies, el pavimento seco.

—Qué raro —dice—. Aquí no ha llovido.

El sexo de Aída es una cerradura. Intervengo en él como el extranjero dotado de una llave que abre la puerta para explorar la casa extraña. Yo soy ese extranjero, ese explorador. El navegante perdido. El apátrida del tiempo y del espacio. Yo soy ese extraño. Hablo una lengua que no conoce, puesto que mi cuerpo es diferente al suyo y mi sexo es una llave, no una casa. Soy el peregrino que busca el templo para inclinarse y orar, el forastero que llega a la masía, sin saber si será bien recibido, sin conocer las costumbres y los hábitos del ama. Y aun cuando mis labios carnosos se fijan como ventosas a la pulpa de su sexo, succionando el jugo marino de la concha, aun entonces mi lengua es otra, diferente a su lengua, diferente a su habla.

—Otra es la tradición de las llaves, otra es la tradición de las casas —dice Aída, sujetando mi cabeza a su vientre, como una paridera, como una mujer que está a punto de dar a luz. Llaves, casas.

—Sin embargo —le digo a Aída semidesnuda, en la cama, vestida sólo con una blusa negra descubierta—, todos hemos tenido muchas llaves, pero sólo una ha sido verdaderamente nuestra casa.

—Hay una sola casa en la vida de cada uno —dice Raúl, repartiendo las cartas sobre la mesa, para resolver un solitario—. Y es la casa de la infancia. En ésa nos quedamos para siempre. Las demás sólo son simulacros, sucedáneos.

La succiono y murmura borborigmos. De su boca entreabierta con costras de saliva en los costados surgen sonidos guturales, estampida de búfalos, un ronquido grave de cetáceos en celo. El hondo rugido se prepara en el interior de sus vísceras; nace allí, en el palpitar de las membranas sangrantes, en la humedad primigenia de las mucosas, mezclado con residuos de comida y los humores de la fermentación. El ronquido sube dificultosamente a través de las paredes celulares, de los tejidos enlazados como enredaderas en los muros; escala la red de arterias y de venas, trepa hasta la cavidad del estómago y allí comienza a vibrar. El vientre de Aída se agita involuntariamente, ronco tambor de selva amazónica; sube y baja con estremecimientos rítmicos y secos: mi cabeza, pegada a la lonja, asciende a las esferas redondas del aire, des-

ciende a la profundidad del hígado y del bazo.
Ascensión y descenso acompañados por un
sordo, hondo rugido entrecortado que me
arroja al nacimiento, que me devuelve al nata-
licio, a los primeros días. El largo y escondido quejido de Aída nos expulsa a los orígenes,
al principio. Cada uno de los estremecimientos de su vientre, como los cortes de un árbol
ancestral, es una época, es una era que atrave-
samos en barca, huidos hacia el pasado, involuntariamente expulsados a los orígenes
por la gravedad de su vientre. Empapado en
sudor, pegado a su pelvis, soy el hombre que
se transforma en niño, soy el contemporáneo
de los peces, soy el contemporáneo de los altos árboles terciarios, soy el contemporáneo
de las primeras rocas, de la formación de los
lagos, de los grandes desplazamientos oceáni-
cos, de la separación de tierras, soy el contemporáneo de los glaciares, de los dinosaurios,
del arqueópterix, del ñau, de las sirenas. No
cabalgo sobre Aída, me deslizo con ella, en la
pequeña balsa de su sexo, hacia los remotos
orígenes, antes de que el grito fuera canto,
antes de que el rugido fuera sonido articula-
do, antes de que el hambre fuera apetito, antes
de que el pelo de marta fuera abrigo, antes de
que la planta fuera cultivo, antes de que el gesto se hiciera rito, antes de que el miedo se
transformara en oración y el barro se hiciera

vasija. Soy el contemporáneo de los grandes baobabs y de las primeras placas sobre el calor hirviente del centro de la tierra. Derivo, con Aída, entre olas innumerables y gigantes; derivo, con Aída, hacia el único origen posible, el crujiente de los elementos al estallar.

—Todo regreso es memoria del primer duelo —le digo a Aída, en tanto intervengo en su sexo, y su cara, al borde del placer, tiene todas las huellas de este largo y doloroso viaje a los orígenes: el cuerpo inflamado y rojizo, como el de un recién nacido; la boca babeante de los animales hambrientos; las arrugas profundas de los árboles ancestrales; el rictus dolorido de la tierra sembrada; el olor levemente acre de los metales arrancados de las cavernas, los ojos inyectados en sangre, los cabellos revueltos. Intervengo en su sexo, al fin, como quien, devuelto al origen, puede reposar: allí estaban los comienzos, envueltos en lava, detritus, velos, tegumentos, y los rayos del sol que calientan a los recién nacidos.

—Vamos —murmura Aída, entrecortadamente, y el plural me rodea como la bolsa natal, como la húmeda placenta, burbuja de vidrio donde el mundo se refleja, y yo en él.

—Vamos —digo, y ahora, los movimientos acompasados de mi intervención y su recogimiento nos estrechan, náufragos en la única balsa que atraviesa las edades.

Ahora mi sexo (mi sexo de extranjero, de apátrida, de otro) es un cordón. Hilo umbilical que enlaza el sexo de Aída (casa) con el mundo exterior. Yo soy el afuera, ella es el adentro. Yo vengo del *dehors*, ella es el *dedans*. Condenados a este solo ligamen, a esta sola juntura: ser la llave cualquiera que abre la casa, el cordón umbilical que cortarás, implacablemente, para separar al hijo de la madre, al recién nacido de la placenta, al para siempre huérfano de la para siempre paridera.

—Los hombres —dice Raúl— nunca dejan de ser niños. Y las mujeres nunca son más que madres.

Se deja a una madre para hacer madre a otra mujer. Se abandona, dolorosamente, a la madre original, para cometer, con la adoptiva, el incesto anhelado. Una nos da de comer de niños; la otra nos alimenta cuando ya somos adultos. Bebemos del seno primigenio al nacer, bebemos del seno vicario el resto de la vida. Destetados del paraíso inicial, nuestras bocas, siempre abiertas, redondas como corderos, fijan, se adhieren ventosamente a ubres blancas, a ubres plenas, succionan de las mamas glandulares el jugo sagrado, el aliento vital, el líquido tibio. Somos los huérfanos eternos, los niños nostálgicos, los cachorros nerviosos, neuróticos, mimados.

—La orfandad no nos deja crecer —dice Raúl—, y nosotros no las dejamos crecer a ellas. A punto de ser mujeres, las convertimos rápidamente en madres: es nuestra manera de seguir siendo niños y de escapar a la demanda permanentemente insatisfecha de un sexo que no conocemos.

Seno, ensenada, sino.

—Me acosté virgen y me desperté madre —dice Aída, la blusa negra descubierta, por donde asoman, simétricos, los pechos blancos, con sus ejes concéntricos, ruedas de molino de mi placer.

Hundo mis dedos en el cuello de la botella. El mayor y el índice. Mis yemas se mojan.

—Los hombres se casan con sus madres —repite Raúl, a punto de resolver el delicado solitario de dama.

Por mis dedos, resbala la leche. Mis dedos, empapados en leche, son dos niños recién nacidos que buscan tus mamas.

—Ellas los crían junto a sus hijos: les dan de comer, les limpian la ropa, los acunan cuando están enfermos, festejan sus bromas, lustran sus zapatos, eligen sus corbatas, suenan sus mocos, vigilan sus deposiciones. «¿Has terminado?», preguntan al niño, al marido. Grandes cloacas donde depositar lo que expulsamos, lo que nos atormenta, lo que

40

nos pesa, lo que nos tensa, lo que nos inflama
—agrega Raúl.

Mojo tus pezones con mis dedos húmedos
de leche. Sobre las dos hélices rosadas, grandes, auroleadas, el líquido blanco se derra-
ma, cuelga, como la gota de miel en el higo
morado, maduro. Abro la boca como un pez
asfixiado. Mis dedos giran en torno a tus pezones, que se hinchan y endurecen, piedras
paleolíticas. Abro la boca como un condenado a punto de morir. Tú me miras hacer con
extrañeza, como se observa al hijo que balbucea incomprensiblemente. Tú me miras con
condescendencia, pobre loco que no llegó a
crecer, pobre huérfano, pobre desamorado,
destetado, pobre hombre sin pezón, sin leche, sin maternidad. Al fin, con infinita ternura, tomas mi cabeza entre tus manos (tengo el
pelo mojado, los dedos mojados, las mejillas
húmedas, los labios inflamados), la colocas
suavemente entre tus pechos, te llevas una
mano al seno, lo recoges entre tus dedos, inclinas el pezón sobre mi boca, yo gimo como
un recién parido, como un cachorro hambriento y me das de mamar.

Aída adora contradecirme. Pero para poder hacerlo, es necesario, primero, conocer mi opinión. Es decir: yo debo ser quien corre el riesgo inicial, yo debo ser quien al exponer, se expone. Yo debo ser quien emite un deseo, para que ella tenga la posibilidad de satisfacerlo o no.

—El que habla primero es quien asume el riesgo —dice Raúl. Está condenado a ser el espejo en el que el otro se refleja, o en el que el otro se refracta.

Me siento como el músico que da la nota en el diapasón, sólo para que Aída tenga la oportunidad de disentir. Pero para poder disentir es necesario, antes, que yo emita alguna clase de sonido. Sé, desde el principio, que mi opinión será recabada no por interés, no por curiosidad, sino porque el emitirla me vuelve vulnerable. Al emitir mi juicio, o mi opinión, podré ser blanco de la oposición de Aída. El juego se desarrolla todas las veces de la misma manera: Aída supone mi opinión,

43

espera que la emita, y entonces, efectivamente, la contradice. Si yo me negara a emitirla, no tendría ningún referente para su oposición. Si fuera ella quien corriera el riesgo de pronunciarse primero, las posibilidades de contradecirme disminuirían sensiblemente.

Como un pez bien cebado, yo me ciño al rito conocido. Aída examina el diario, todas las mañanas, como un juez recorre las páginas de un monótono prontuario. Yo, sentado enfrente, bebo café con la aparente calma de un alumno que está a punto de rendir una prueba y procura disimular su nerviosismo. Sé que seré condenado, irremediablemente. Sea cual sea mi opinión (y es posible suponer que Aída conoce de antemano buena parte de aquello que puedo decir), estoy condenado a la oposición de Aída. Casi siempre elijo, con todo, opinar honestamente: dado que tendré que defender mis opiniones ante un tribunal que no está dispuesto más que a hallarme culpable de delitos y ofensas imaginarios, prefiero intentar defender lo que creo, por ejercicio intelectual. Aída repasa el diario para provocarme. Ha tenido acceso a él antes que yo (entre las propiedades matutinas el diario le corresponde, como un tributo que el mundo le concede para que ejerza su poder): igual que un ciego, escucho el crujido de las páginas, sin saber qué contienen. Sin saber cuál será el tema de mi examen, hoy, a qué pruebas seré sometido. Aída recorre las páginas del diario buscando mi culpa, tratando de descubrir cuál será el artículo —la ley— que me hará caer en la trampa.

(El salón es amplio y está lleno de papeles. Seguramente he estado allí antes, cuando era muy joven. Reconozco las paredes grises, los lavabos de sentinas repletas por donde se desborda el olor a orín y a hierbas fumadas clandestinamente. No sé quién me ha conducido a ese lugar, que creí olvidado, ni con qué fin. Estoy rodeado de funcionarios con túnicas grises que revisan expedientes. De pronto, uno de ellos sonríe malignamente. Sostiene en la mano mi fotografía, cuando era adolescente, y un legajo amarillento en la otra. Ha descubierto mi falta. Si ahora, sorpresivamente, me encuentro otra vez allí, es por una vieja culpa, que creí olvidada. La omisión surge, violenta, irremediable: hay un examen que no rendí, una prueba que no superé, algo que quedó traspapelado en mi carrera universitaria, algo que debí hacer y no hice, y que de pronto ha saltado, con toda su fuerza. ¿Cómo he podido seguir adelante, a pesar de esa culpa? La ignorancia no es excusa: en vano intento demostrar mi inocencia. Yo no conocía mi omisión, no era consciente de ella. Yo mismo no comprendo cómo pudo ocurrir. Por lo

45

demás, el examen que me exigen está fuera de mi alcance: es un conocimiento que no poseo, una ciencia que ignoro. De modo que no he sido culpable sólo en aquel momento, sino mucho después, también, pues he vivido en el asombroso olvido de mi falta.

A veces lo que me he saltado es una prueba de química, ciencia que ignoro de manera absoluta; otras, un examen de cosmografía: siempre es algo que irremediablemente desconozco, algo que debí saber y no supe o, en todo caso, algo que honestamente creí haber hecho y no hice. Al horror de haber sido descubierto culpable de un delito que cometí sin saber, se suma el error en el tiempo: han pasado muchos años de mi infracción, de mi transgresión involuntaria: no puedo volver atrás y reparar la omisión cometida, pero esa omisión me impide, de todos modos, continuar en el presente. Estoy, de alguna manera, fuera del tiempo: soy consciente de una deuda antigua, irreparable y, por lo demás, esa misma deuda es el obstáculo para asumir el futuro. Mi falta anterior es un impedimento.)

En la página cuatro de la edición matutina del periódico, Aída encuentra, por fin, un artículo digno de someterme a prueba. Primero, de todos modos, debe cerciorarse de mi ignorancia de la ley, de mi ingenuidad de lector.

46

—¿Has leído el periódico de esta mañana?

—No —contesto, como si se tratara de una pregunta ingenua. (He comprado el periódico para ti, al bajar a desayunarnos, y te lo he entregado como el reo que compra la cuerda con la que será colgado. Tú lo aceptaste con el gesto soberbio de las diosas acostumbradas a los sacrificios humanos.)

Aída elige cuidadosamente un párrafo del artículo, de la ley que caerá sobre mí implacablemente. Lo lee en alta voz y yo lo escucho como los preliminares de una sentencia que jamás me absolverá.

—¿Y tú qué opinas? —me pregunta, cuando acaba la lectura. Me tomo un minuto de descanso, antes de responder, como el condenado que mira la sombra de la guillotina. Veo árboles grises, bajos, que crecen con dificultad en medio del pavimento, de las aceras llenas de humo y de hollín. Descubro, muy arriba, un bajorrelieve en la fachada de un edificio muy antiguo, casi invisible bajo la pátina de polvo y de humedad. Es, quizás, una cosechadora de espigas, de largos cabellos rubios y túnica larga, como las que a veces Aída compra en el mercado de ropa usada. Me gustaría que juntos contempláramos a la rubia cosechadora de espigas en el friso de una casa semiderruida (como en los sellos antiguos de Francia). Me gustaría que nos paseáramos por la vereda del mar, oculto entre pirámides de maderas, entre cabezas de grúas, entre moles de cemento. Pero, hipnotizado, acepto el desafío convencional de Aída. El perezoso ritual de cada mañana. He de dar mi opinión, para recomenzar el juego de las oposiciones.

—Quien habla primero, expone y se expone —dice Raúl, mientras coloca, otra vez, las piezas en el tablero. Está condenado a ser el espejo que refleja, o el espejo que refracta—. ¿Prefieres las negras o las blancas?

—Las negras —digo—. Me siento más cómodo cuando tengo que defenderme que cuando tengo que atacar.

—Es un asunto de perspectiva —dice Raúl—. En realidad, quien se defiende depende del agresor. No debe emplear más recursos ni más imaginación que la necesaria para responder adecuadamente.

—Jugaré una partida con las blancas y otra con las negras —dice Aída, insegura de cuál es la elección que más la favorecerá.

—Existe, con todo, otra posibilidad —afirma Raúl, a punto de realizar un delicado gambito de reina: la ausencia de espejo. Sin imagen que refleje o refracte, el yo no puede hipertrofiarse por la semejanza, ni inflarse por oposición.

Sin espejos, Aída sería la ciega de sí misma. ¿En qué exaltación se miraría?

—El placer de oponerse no reside en la curiosidad por descubrir la verdad o en el deseo de investigar. El placer de oponerse es que nos confiere, ante nosotros mismos, el prestigio de nuestro adversario. Sólo se compite entre semejantes —apostrofa Raúl.

Aída y yo: diversos y semejantes como quien se mira en un espejo.

Aída, semidesnuda, está sentada en el suelo, rodeada de papeles y de fotografías viejas, como una niña que hubiera abierto el cajón oculto de su madre. Semidesnuda, con las piernas abiertas, como una gran muñeca rota, a quien le falta un brazo, una pantorrilla, el hueso del hombro. Algo está dislocado en ella, algo muy antiguo: igual que esas estatuas de épocas pretéritas que admiramos en medio de su casi imperceptible deterioro, en medio de su falta de perfección. Inacabadas, rotas, jamás sabremos si las hubiéramos amado más en su plenitud (manquedad de Venus, descabezamiento de Ceres, labio leporino de Diomitila), o si la pequeña mella, la mácula perversa ha dado, a su belleza, algo que le faltaba, ese hueco o esa estría por donde nuestras fantasías penetran, disparadas por la imperfección. Alrededor, yacen cartas viejas, papeles arrugados, abalorios antiguos, fotos amarillentas. Está sentada, semidesnuda, como una vaca sagrada en el templo. Semidesnuda, rodeada de pasado, sumergida en la autocontemplación como un gran ídolo autista. Rodeada de sí misma, envuelta en su propio recuerdo como en el líquido prenatal, como en una fina bolsa membranosa que no la deja crecer ni salir. Rodeada de sí misma, de sus emanaciones, de sus recuerdos fibrosos, fijados para siempre en la textura del papel. Ha leído a medias las cartas de antiguos amantes, de enamorados lejanos que la amaron ayer, hace tres años, hace quince; quizás se ha emocionado un poco con los ecos curvilíneos de los sentimientos que despertó, en tinta azul, en tinta verde, en tinta negra. Está sentada, semidesnuda, envuelta en el vaho antiguo de los amores truncos como por el perfume embriagador de las perversas belladonas.

—¡Aída! —la llamo, como quien intenta despertar a un soñador antiguo.

—¡Aída! —la llamo, como quien, en el mar, divisa la tierra conocida y vacía.

—¡Aída! —la llamo, como quien intenta rescatar de una oscura cueva al viajero perdido.

—¡Aída! —le grito—. ¡Déjate de ti misma! ¡Abandónate de ti!

Aída no me oye, mira sin verme, sumida en el pozo de sí misma, en la autocontemplación conmiserativa de su propio pasado.

—Todo el mundo tiene historia —le digo—.

Todo el mundo es un sumidero de detritos. Todo el mundo es un museo. Todo el mundo conserva la belleza y el horror del mundo.

Aída no me oye. Aída, testigo de sí misma, está sumida en su remoto como una concha invertida. Como un caracol encerrado. Sorda, muda, anterior a la palabra, anterior al signo, de sus brazos cuelgan racimos de cartas, dibujos y papeles como palimpsestos incomprensibles.

A veces escucho, por casualidad, ecos de catástrofes: el último verano, por ejemplo, la ciudad se envenenó por una alta proporción de partículas de plomo y de aluminio que se concentraron en la atmósfera como un sombrero nuclear. ¿El último verano? Debo haberme dado cuenta, oscuramente, en algún momento, que era verano. He dejado de sentir el paso de las estaciones. Obseso, como un habitante de otro planeta —distante, separado, desafecto—, soy insensible al paso del tiempo, a la sucesión de las estaciones, al cambio del calor al frío. Me he convertido en un ser atérmico: la tibieza o la gelidez no dependen de la posición de la tierra con relación al sol, sino de mi relación con Aída. Ella es la dispensadora del frío o del calor. Del yermo y la aridez de las grandes tundras heladas, del desamparo del desierto, de la frigidez de las cimas nevadas o del calor de la tierra, del ardor de las piedras quemadas. Ajeno a la realidad exterior, ausente de ella, soy un hombre que no vive en ningún hemisferio, en ningún equinoccio: hay noches húmedas de pasión, hay días helados de indiferencia. Todas las futilezas que la gente es capaz de decir acerca del tiempo me resbalan, como frases pronunciadas en un idioma extraño, que no conozco. El tráfico verbal —del cual estoy separado, escindido, desasistido, en virtud de que se trata, casi siempre, de un habla desenamorada— me resulta átono y harto incomprensible.

Cuando alguien me dirige la palabra, en el ascensor, en el autobús, en la calle, experimento una especie de irritación: las frases me llegan de lejos, como aisladas por una cubierta de corcho, y debo hacer un esfuerzo para recordar su sentido. Entonces, me veo en la obligación de alzar la cabeza, para contemplar el cielo y deducir si lloverá, o debo fijarme en el estado de los árboles para reconocer si el otoño se ha adelantado. Estas comprobaciones me son profundamente indiferentes, y me producen fastidio, pues me exigen interrumpir el sueño interior, la subjetividad de mi discurso para entrometer una serie de juicios y de opiniones completamente inútiles. Como un músico sordo que sólo escucha la melodía interior, como un cantante mudo que sólo canta los *lieder* con el movimiento de los labios. Del mismo modo, los otros accidentes del mundo: el principio de los cursos, su fin, las efemérides patrias, los domingos, los días festivos. Ajeno al tránsito de los días, vivo en una eternidad perenne que no se diferencia más que por los momentos de insomnio, por la vigilia cruel de mis noches sin Aída o por el sueño fatigado después del amor. Soy uno a quien la subjetividad lo ha desplazado del tiempo, lo ha proyectado —como uno de esos veloces satélites que a veces se contemplan en el cielo nocturno— hacia un limbo desconocido y rotatorio, hacia el espacio sin tiempo del infinito.

—Ya nadie habla de esos pobres tipos que hace cinco meses están en una cápsula, girando en el espacio, completamente solos —dice Aída, a la mañana.

—Cada cual con su delirio —dice Raúl, a propósito de sus pacientes.

Como los argonautas del espacio, yo giro en pos de Aída, en mi propia cápsula aislada, en mi nave de subjetividad, y el sol, quizás no sabe que es el sol, pues gira sólo en torno a sí mismo. Yo soy el hombre del limbo, el extraviado, el perdido. Soy el ausente del tiempo, el que se fugó en una órbita incomprensible para los demás.

La subjetividad me ha dejado sin espacio, sin tiempo, sin contemporáneos, sin testigos, sin señas de identidad. No puedo compartir mi tiempo, que es el presente eterno de la obsesión; no puedo compartir el espacio, ya que mi espacio es Aída, y todo lo demás ha desaparecido. No tengo nada que sirva a los demás hombres: no puedo ofrecer favores (todos mis favores están dedicados a Aída), ni conversación agradable: sólo pueden hablar del mundo aquellos que no aman. No puedo ofrecer placeres sociales (ya que el amor no es gregario: es para dejar de amar —o para huir del amor— que el hombre se vuelve social), ni alegres frivolidades (el amor es tan grave como la muerte y sólo se parece a la agonía: la misma conciencia, la misma intensidad, el mismo dolor mezclado al placer, la misma vivencia del instante como único, irrepetible, efímero y hondo). Soy un hombre sin posesiones, sin pertenencias, denso, en cambio, de subjetividad. Y ésta, ocupada completamente por Aída, es incompartible: empieza y acaba en ella.

—El amor hace estallar los hábitos —le digo a Raúl.

En efecto, soy un hombre sin costumbres, sin horarios, sin orden, sin pilares de realidad que le sirvan para apoyarse. No recuerdo qué he hecho ayer, ni sé que haré luego: extrañado de todos y de todo, los actos, los reflejos, las certidumbres han volado, se han dispersado, han desaparecido hacia un pasado del cual no guardo memoria. No me en-

58

cuentro en el que fui antes de Aída (si alguna vez existió), y me siento incapaz de concebir una mínima rutina para reconocerme mañana. Soy un tipo sin memoria, un hombre sin raíz, sin hábitos, y lo que es peor: soy un niño sin madre que le enseñe a comer, a vestirse, a hablar, a relacionarse con los demás.

Para amar a Aída, desaprendí el mundo, olvidé la cultura. Soy un hombre incivilizado, alguien que no sabe. He perdido los hábitos, han estallado como deflagrados por una energía destructora. No como, o como demasiado. (Fobia alimentaria: no puedo aceptar los alimentos —sólo quiero alimentarme de Aída, de sus jugos, de su carne, de sus secreciones, de su voz, de sus emanaciones—, no quiero ingerir, introducir en mi cuerpo sustancias ajenas a Aída. O bien, padezco ansiedad oral: devoro grandes cantidades de alimentos indiscriminados, trato de llenar el tiempo de la ausencia de Aída devorando la comida como si ésta fuera grandes porciones de horas y minutos que ingiero velozmente para apresurar el reencuentro.)

Separado de los demás hombres por mi diferencia irreconciliable (soy uno que ama, que está enamorado, es decir, alguien improductivo, insociable, salvaje), observo los hábitos de los otros como si fueran pequeños aprendizajes que debo realizar, pero cuya ejecución me resulta sumamente dificultosa. Me gustaría preguntar a qué hora debo comer, y qué debo comer. Mis gustos y aficiones han variado, también, súbitamente, deflagrados por la misma fuerza que hizo estallar los hábitos. De pronto, detesto la carne, mi plato favorito, y me inclino por el pescado. Pero, a poco, me canso del pescado y prefiero las pastas. (Todo se convierte, en el interior de mi boca, en un mismo bolo alimenticio que no puedo tragar, o en una masa mezclada de cosas que ingiero vorazmente, sin selección.)

Aída, que es una observadora implacable, dice:

—Comes de una manera completamente irregular. Te enfermarás —y la observación me parece extraña, desencajada.

—No es la comida —le respondo. Es otra cosa.

Me sorprendo de que ella sí pueda tener una relación natural —o sea, una relación desamorada— con los alimentos. Come a horas precisas, siempre las mismas, y se preocupa de que la dieta sea una dieta balanceada, equilibrada, con sus proteínas, sus vitaminas, sus sales minerales, sus lípidos y pocas grasas. Elige cuidadosamente el menú de cada día y establece regímenes para depurar la sangre, para evitar el colesterol, para resistir las infecciones, para mejorar la piel.

—He comenzado una dieta para eliminar toxinas. ¿Quieres hacerla tú también? —me pregunta. (La enfermedad es el amor, pienso; la toxina es el otro, y ese veneno no se expulsa comiendo legumbres o cereales, bebiendo mucha agua o dejando de fumar.)

Del mismo modo, no duermo, o duermo demasiado. (La vigilia constante me parece un tributo, un homenaje que se debe al amor; debo velar para no perderme ni un instante de contemplación de la mujer a la que amo, para no perderme ni un segundo de este estado anhelante, siempre insatisfecho, que es el amor, para que cualquier demanda, cualquier deseo del otro me encuentre despierto, alerta, vigilante. Si durmiera, sería como borrarme de este deber de amor, de la vela de armas. Da lo mismo que esté solo, o con ella: el sueño sería siempre una traición al servicio. En cambio, Aída duerme plácidamente. Soy su barbitúrico, su estupefaciente. Soy la píldora que se traga, antes de dormir, arrullada como una niña de pecho.)

—Duermo porque estoy satisfecha —dice Aída, y la afirmación me halaga y me inquieta al mismo tiempo.

Entonces, ¿existe el amor satisfecho?

Velo el sueño de Aída. (Te miro dormir y sé que no estás, sé que el sueño te separa de mí y te conduce a tu interior, región vedada mientras duermes, coto privado donde vuelves a ser la Aída anterior a mí, la que no conocí, la que perdí para siempre, la que se niega a volver a ser niña. Te miro dormir y sé que no puedo acceder a ese espacio; por eso mismo, yo no duermo: para que siempre haya un lugar donde puedas encontrarme, para no tener espacio propio. Te miro dormir y sé que no estoy detrás de tus párpados espesos, gruesa cortina, puerta cerrada, teatro donde se celebra una función a la que no estoy ni estaré nunca invitado. Te miro dormir y me siento discriminado: soy el negro en tierra de blancos, soy el judío en Alemania, soy la mujer en el bar, soy la mujer en el barco de pesca, soy el indio, el enano, el viejo, el extranjero. Te miro dormir y sé que estás sumida en ti misma como el caracol en su concha, como la ostra en su cofre: estás sumida en ti como cuando, aparentemente despierta, te mueves ausente por la casa, abres cajones sin ton ni son, limpias lo que ya has limpiado. Autómata, sonámbula, encogida en ti, subsumida, cerrada, oculta, impenetrable, imposeíble, ajena y extraña.)

La boca de Aída, al cerrarse, deja un imperceptible hueco entre los labios. Se duerme sobre mi hombro y, al instante, un breve hilo de saliva corre hasta mi piel: en sueños, Aída mana sobre mi hombro su sustancia vital.

VII

En el sueño, Aída y yo vivimos en casas iguales, contiguas. (El sexo de Aída es una casa.) La ciudad es la de mi infancia. Como en los burdeles de Amsterdam, las ventanas llegan hasta el suelo, y se puede ver el interior. En la casa de la izquierda vive mi madre, y en la de la derecha vive Aída. Estoy en medio de la calle, entre las dos ventanas, y de pronto, por la acera vacía, aparece un hombre al que nunca he visto antes y que se dirige hacia mí. Es un hombre feo, de aspecto vulgar, con granos en la cara y lentes de miope. Me informa que es el nuevo amante de Aída, y que ésta le ha dicho que debo darle la llave para entrar en su casa. Me siento completamente trastornado por la revelación. Aída, desde el interior, observa con impasibilidad la escena. De modo que no soy el único amante de Aída, ni siquiera el último. El dolor y la irritación me obnubilan. Por lo demás, yo no tengo la llave, ni la he tenido nunca. El hombre insiste, hasta con cierta gentileza: no es algo personal

63

contra mí, sino una orden de Aída. «No la tengo, no la he tenido nunca —le digo—, pero si la tuviera, no se la daría», respondo. Entonces, el hombrecito, decidido, entra por la ventana. Quedo solo, en medio de la calle, abandonado, rechazado, despavorido. Mi madre, que ha advertido lo sucedido, me dice: «Es muy raro que nunca hayas tenido la llave de Aída».

—Sólo es un sueño —dice Aída, a la mañana, indiferente.

Soy un hombre sin llave, es decir, un hombre sin sexo.

VIII

Aída está resentida con su ex-amante, un fotógrafo profesional con el que vivió antes de que nos conociéramos. Cada mañana, semi-desnuda, mientras yo la contemplo, comienza la jornada con una serie de improperios dirigidos al fotógrafo ausente, a quien ella abandonó, por lo demás. Los escucho pasivamente. En apariencia, me beneficio de la irritación contra su antiguo amante, pero al mismo tiempo experimento un hondo malestar. Por un lado, me ofende que su placer conmigo no alcance para borrar su malhumor: aunque sea a través del rencor de Aída, el fotógrafo está presente entre nosotros dos. (En cambio, yo me siento un hombre sin pasado, sin rencores, sin heridas viejas: he nacido de Aída, soy el hijo virgen.) Por otro, me identifico con el amante abandonado: puedo correr la misma suerte que él, que la amaba. Preferiría escuchar en silencio (ocultando, también, mi temor), pero Aída no me lo permite: quiere mi opinión, exige que yo participe en la disputa que todavía mantiene con él. Advierto, enseguida, los peligros de la situación: si defiendo el amor del fotógrafo (o sea, defiendo mi amor, para no ser abandonado, como lo fue él), irrito más aún a Aída. Si, en cambio, me pongo de su lado, posiblemente su ofuscación disminuirá, pero me condeno a ser una víctima futura. Intento un camino intermedio, menos comprometido:

—Debió de sentirse muy herido —digo, ecuánimemente.

—¡Pero bueno! —replica Aída, irritada—. Fue él quien me hirió a mí. Yo he sido la víctima. Sólo falta que tú lo defiendas —dice, volviendo su encono hacia mí. Enseguida, agrega—: Fui una tonta. En realidad, debí abandonarlo mucho antes. En lugar de callar, de ceder, de plegarme a sus deseos, debí abandonarlo sin contemplaciones. (No entiendo, o entiendo demasiado bien, los motivos de su queja. Aída está resentida porque castigó a su amante con el abandono, y éste, en lugar de enloquecer, de humillarse o de morir, vive con otra mujer.)

—Pero te amaba —le digo a Aída, y siento que reafirmando el amor del fotógrafo, en realidad, reafirmo el mío. (Un día tú también me abandonarás, Aída, y si yo consigo sobrevivir a tu abandono, si no muero, creerás que ésa es la prueba de mi falta de amor. Me arrojarás de tu lecho, me expulsarás de tu deseo, me desterrarás de tu casa, con cualquier pretexto, y después, me hallarás culpable también de dormir en otro lecho, de sentir otro deseo, de vivir en otra casa. Sorda a cualquier dolor que provocas, ciega a las heridas que causas, fuera de cualquier ley, como los niños autistas, sólo reconoces el amor del otro en la sumisión absoluta a tu voluntad. Y tus niños abandonados, tus hijos huérfanos, aprenden a vivir sin ti con una herida abierta que lentamente se restaña: la tuya, en cambio, es una estría sangrante que no se cierra, es un surco por el que destilas amargura y resentimiento: cuando condenas al exilio a uno de tus amantes, tú, y sólo tú, puedes conceder el perdón a las faltas imaginarias que cometieron.)

—Ja —ríe Aída sardónicamente—. Eso es lo que él decía. Pero mentía. En realidad, es él quien me abandonó a mí. Y tú te solidarizas con él.

Otra vez he perdido terreno. Otra vez soy yo el asediado.

—Sería poco delicado de mi parte —digo, cambiando de estrategia— no sentir piedad por el hombre que te perdió.

—Pues se ha consolado fácilmente —dice Aída, agresiva.

—Quizás no se ha consolado —digo, con dulzura—. Quizás sólo sobreviva.

(Lo que no me animo a decirte, Aída, es mi profundo temor a ser mañana, la semana próxima, el semejante al fotógrafo, su igual en el abandono; a convertirme en el abandonado, en el privado, en el paria de ti. Sintiendo piedad por el fotógrafo creo asegurarme, mágicamente, la piedad de mi sucesor, su defensa, que él abogue por mí y confirme ante ti mi amor, cuando ya no creas en él.)

—Sólo lo defiendes porque es hombre —dice Aída, mezquinamente. (No, Aída, quisiera decirle: nuestra igualdad no está en el sexo, sino en nuestra condición de enamorados y de abandonados.)

—Con Hugo ocurrió lo mismo —dice Aída, dispuesta a no perdonar a nadie—. Vacilé mucho antes de separarme de él —(Hugo es el padre de su hijo)—. Después, me di cuenta de que tenía que haber tomado esa decisión mucho antes. Pero claro, yo era demasiado joven e inexperta. Y además, él era mi marido.

—Por lo menos —digo, conciliador—, tienes un hijo de él.

—¿Hijo de él? —exclama Aída, indignada—. ¡Los hijos son de las madres! ¿Qué te piensas? Un hombre jamás puede tener la certeza de que ha engendrado un hijo. Sólo la madre sabe de quién es. A un hombre se le puede engañar toda la vida acerca de su paternidad;

68

en cambio, una mujer lleva a su hijo en el vientre: esa es una experiencia única, inigualable. La participación de un hombre en el nacimiento de un hijo es mínima: sólo unas pocas gotas de semen que prodiga de manera poco selectiva y hasta inútil: las pierde cada día en las sábanas o en los pantalones, las derrocha en cualquier agujero. Ningún hombre puede saber lo que es tener un hijo. Sólo las madres lo saben.

(Sin embargo, Aída, yo he amado tu maternidad. No soy el padre de tu hijo, ni lo seré de ningún hijo tuyo, pero amo tu maternidad retrospectiva: tu cuerpo engrosando día a día, mes a mes, tus mamas hinchadas, los pezones rojizos, el roce de la tela de tu blusa en los pechos opulentos —«Me dolía el vestido», recuerda Aída—; he amado tus piernas abiertas, las contracciones metódicas de tu vagina, el peso en los riñones, el dolor de tu espalda, la beatitud de tu espíritu al sentirte henchida, la dulce serenidad de tu rostro de mujer encinta, la luminosidad de tus ojos dobles —«No he conocido otra plenitud, otra saciedad, otra satisfacción»—, he amado la incisión del médico en tu vagina, he amado el orgasmo brutal del parto —dolor y placer mezclados—, la languidez de tus piernas, la debilidad de tu voz, el terrible vacío puerperal, la tristeza de haber estado llena y ahora estar vacía, el desencanto del vientre que ha cumplido su función, y luego, he amado otra vez tus senos, el momento solemne y religioso en que por primera vez, sola en tu habitación, descubriste tus pechos hinchados, rojizos, plenos y doloridos, lentamente acercaste la boca ansiosa y ciega al húmedo pezón y lo sentiste manar. He amado ese instante como ningún otro, como sólo tú pudiste haberlo amado. Te he amado sola y egoísta en un placer que no querías compartir con nadie: fuera quien fuera el padre de tu hijo —y no cabe ninguna duda de que tu marido lo es—, no estabas dispuesta a que participara en la más íntima de las ceremonias: dar de mamar al hijo de tus entrañas. Ese pedazo de carne que habías alimentado nueve meses con las secreciones de tu vientre, que habías envuelto en una membrana oleaginosa, que había latido a tu ritmo, que te pertenecía en exclusividad, por ser tú la casa y él el habitante; por ser tú la envoltura, y él el contenido; por ser tú la dadora, y él el recibidor; por ser tú el claustro, y él el encerrado; por ser tú la comida, y él el hambre; por ser tú el calor, y él la intemperie; por ser tú la llena, y él el vacío; por ser la parte de ti misma que lentamente se había formado de tu dolor y de tu placer, de tu voluntad y tu constancia.)

—No ha sido tan mal padre, después de

todo —digo, tratando de restablecer la justicia.

—Tampoco fue tan mal marido —corrige ahora Aída—: cinco años me bastaron para saber que el matrimonio es la peor humillación de una mujer.

Las heridas de Aída no cicatrizan. Son como surcos abiertos por los que destila veneno: su toxicidad me impregna como el perfume de las flores de su habitación. La escucho, pasivo, y lentamente me voy contaminando. Bebo de ti las lágrimas, la bilis, el sudor, la sangre menstrual, la orina, la cólera, el jugo pancreático, la irritación, la saliva, la frustración, el orgullo herido, tus vómitos, el rencor y el hastío. La bilis rencorosa, las lágrimas hastiadas, el menstruo irritado, la orina agresiva, la saliva tóxica, la leche envenenada.

A la noche, Aída, rendida de sus quejas, vacía de su rencor, hueca de su cólera, aletargada después de arrojar su interior como un vómito convulso, se duerme pesadamente a mi lado. Ahora, Aída es una gran estatua de mármol abandonada en una playa. Una giganta muerta. Un gran bulto de carne sin sensibilidad ni memoria. Aída, vacía de su rencor, duerme como los niños muy cansados. Se ha sumergido en el limbo reparador del sueño después de la enfermedad. Cuando despierte, no recordará nada del día anterior. Habrá borrado las huellas de su vómito, las manchas de sangre de las viejas heridas, la descomposición de sus sentimientos. A su lado, yo no consigo dormir. Las toxinas de su memoria me han envenenado y, echado en la cama, siento mis piernas hinchadas, mis miembros entorpecidos, mi lengua áspera y amarilla, mis pulmones ocluidos, el estómago repleto de bolas indigeribles.

En el sueño, estoy enfermo. Por la boca, repleta, comienzo a expulsar, en grandes roscas circulares, mis intestinos. Las heces se acumulan en mi garganta, en mi lengua, en mi paladar, las siento pasar entre los dientes, las veo salir y embadurnar mi cuerpo, las sábanas, el suelo. Es un vómito inacabable, pero que no alivia: sólo lo termina el brusco y sobresaltado despertar.

El amor actualiza: soy un hombre sin pasado que jamás amó a nadie, antes de amar a Aída, que no conoció cuerpo alguno, que no yació con nadie. Estoy separado de mí mismo, de mi ayer, de mis anteriores, estoy cortado, dividido: mi tiempo es el tiempo de la actualidad con Aída, y cuando estoy lejos de Aída, mi tiempo es el de la espera: entonces tampoco tengo pasado, sólo tengo futuro: el de mi reencuentro con ella. Raro tipo éste, desgajado, separado del resto del mundo, adherido umbilicalmente al tiempo sólo por un estrecho cordón llamado Aída. Soy incapaz, también, de proyectar un futuro. Estoy inmerso en el presente hechizado del encantamiento: en la hipnosis, el tiempo está detenido, fijo; sólo al despertar —al desenamorarse— se recupera la noción habitual de tiempo. Si eso me pasara, si algún día deseado y temido finalizara la fascinación, es posible que súbitamente me transformara en un hombre viejo. Por el momento, carezco de edad: como los cronofóbicos, estoy suspendido del tiempo, exonerado del cómputo de los días y semanas. Igual a mí mismo —igual en el presente perpetuo del hechizo—, soy sin pasado, soy sin futuro. Las referencias cronológicas que escucho al azar me causan una gran sorpresa; enseguida, una dificultad: no consigo comprender a qué tiempo se refieren. Si oigo decir, por ejemplo: «El martes tengo cita con el médico», debo cerrar los ojos, concentrarme bien para poder comprender el significado de la frase. ¿Martes? Vagamente, recuerdo que se trata de la denominación de un día. Pero no sé qué día es, dado que ignoro en qué día vivo. Mejor dicho: mis días no existen como tránsito, no se distribuyen por franjas convencionales de horas y de minutos. Mi manera de contar se ha vuelto otra: no depende de la luz del sol, del movimiento de la tierra a su alrededor, sino de la presencia o de la ausencia de Aída. No vivo en martes, en miércoles o en viernes: vivo el presente de estar con Aída o la terrible ansiedad de la espera. Para esta clase de tiempo no hay relojes.

El mar es azul en la pequeña cala de cantos rodados. Un pueblo blanco, que asciende sobre la montaña de piedra oscura, pelada, tan seca e impenetrable que el corazón se encoge al mirarla. Los caminos también son de piedra, y los muros que lo separan están construidos de lajas superpuestas. Hay olivos dispersos, como fantasmas funerarios. El viejo casino, reconstruido, se eleva frente al mar. «Demasiado blanco para mí», le digo a Aída. «Eso es lo que me gusta», contesta ella. A pocas horas de la ciudad, por la autopista repleta, al pueblo costero se llega luego de subir por caminos circulares en la montaña, sobre el mar dormido, apagado, quieto. Las barcas están depositadas en la superficie aceitosa como si estuvieran ancladas (anclas tus costados, Aída, los huesos de tu pelvis). Hay un pequeño mercado de artesanos que exhiben su mercadería para los visitantes ricos. Cueros trabajados, plata, cristales, hierros. Para Aída, la gran deflagradora del tiempo, compro un raro reloj de sol. Es un círculo de metal dorado, fino, con el nombre de los doce meses del año grabado a mano; otro aro, concéntrico, también dorado, señala los días. Con un pequeño movimiento de los dos —ajustado, como el diafragma de las cámaras fotográficas, como tu sexo y el mío—, la luz solar, que penetra por un pequeño agujero en el centro, revela la hora, el día. Aída, alta, majestuosa, recibe el regalo como un tributo debido. Lo eleva a la altura de sus ojos (el sol, este moribundo sol de septiembre, grisáceo, pausado, abre un hueco entre las nubes para infiltrarse en el agujero del improvisado reloj), y, por un momento, los dos aros dorados y los dos ojos de Aída coinciden, como en una lente múltiple. Entonces, veo a cuatro mujeres al mismo tiempo: Aída es la blanca diosa, altiva e intrigante, que nació de la frente de Zeus; Aída es la enigmática Turandot que desprecia a sus pretendientes; Aída es la bella y ambigua Elizabeth Siddal, pintada por Rossetti, Aída es una mujer antigua y moderna, charlatana y silenciosa, rodeada de objetos como los niños con sus juegos. El mundo fue creado por el desamor, no por el amor. «Para quien no habita en el mundo, los hábitos son decretos», dice Kafka. Soy un hombre sin rutina, sin cotidianeidad. Vivo entre decretos que no comprendo y que cuando me conciernen, me fastidian. No tengo rutina, porque estoy enamorado, y mi única rutina es Aída. Las obligaciones, los deberes, la mundanidad han estallado y se han dispersado, como planetas cansados, como estrellas fugaces. Sólo puede ser gregario el hombre que no ama, sólo habita el mundo el desamorado. Y alguien que no se relaciona con sus semejantes (sólo con la divinidad), alguien que ha roto sus vínculos con la mundanidad, es un salvaje, un desculturalizado. Habito una cápsula cerrada, como el astronauta, que se mueve en un espacio vacío, sin señales, en un espacio sin referencias. Pero igual que los viajeros espaciales que han sentido la irresistible seducción de flotar en un espacio otro, vacío e infinito, custodio mi burbuja como un celoso guardián: no permito la intromisión de la realidad inmediata, la ahuyento, la arrojo lejos. Compro diarios que no leo, cuyos titulares me resultan completamente ajenos y desplazados: he olvidado la geografía, las guerras, los nombres de los dictadores y de los ministros, me es indiferente la bolsa, el deporte, cualquier discurso que no tenga por tema el amor. En mi casa se acumula la correspondencia que no abro, ya que Aída detesta escribir cartas, y si acaso leo alguna es de manera superficial: las demandas o los halagos que pueden venir del exterior me son indiferentes. Si se rompe un grifo o el cristal de una ventana, no lo hago reparar: víctima de una ansiedad permanente, cualquier distracción de la espera de mi próximo encuentro con Aída me parece una traición. Comprar una botella de leche o una barra de pan me resulta una tarea enormemente dificultosa. Cualquier conversación trivial me provoca fatiga, y las que son en apariencia más serias tampoco me atraen: ajenas a mi verdadero y único interés, están en otra esfera, en otro ámbito. Soy el extranjero, pues, del mundo, el ausente. No tengo proyectos que conciernan a los demás, ni me siento vinculado a ninguno. No puedo decir, sin embargo, que soy un hombre apático.

Todo lo contrario: tengo una gran energía y está completamente concentrada. Pero el amor es una energía socialmente improductiva. Aunque el amor a Aída me consume, literalmente (como una monomanía), no produce nada, ni siquiera esa cosa tan común y frecuente como son los hijos. Mi amor es socialmente improductivo: no construye fábricas, no levanta casas, no genera plusvalía, ni beneficios, no circula, como el dinero, no acumula bienes, no institucionaliza, ni le sirve a nadie. Ni siquiera a mí: no me convertirá en un hombre más sano, ni más trabajador, ni más famoso. A lo sumo, adquiriré una conciencia más viva del lenguaje, pero una clase de conciencia que no producirá ningún discurso: el placer de la hipnosis es un goce pasivo, paralítico, sin traducción en gestos, en palabras o en obras. No estoy en el mundo: estoy separado, alejado de él, escindido. Como si habitara solitariamente un margen (por lo demás, insoportable), una especie de limbo o de cueva subterránea.

Tan separado del mundo que aun cuando ocupo el espacio habitual, el de todos (un andén del metro, la cafetería, el restaurante, el salón de una casa, la galería de pintura), me siento alejado, dividido: es sólo una parte de mí la que está allí, la parte que corresponde a los hábitos sociales o culturales, a las buenas costumbres, a las leyes, es decir: al aprendizaje; la otra parte, mucho más profunda, íntima y secreta, es mi parte asocial, enamorada, es decir: salvaje, fuera de la ley, fuera de los usos, fuera del mundo.

Experimento una clase de placer (perverso) al realizar, de vez en cuando, alguno de esos actos rituales que me devuelven al mundo de los hombres normales. Asisto, por ejemplo, a una reunión social, a la presentación de un libro (que no leeré: la actividad de leer pertenece a la mundanidad: el hombre enamorado no tiene tiempo de leer libros, ocupado como está en descifrar los símbolos, el significado de cada palabra, de cada gesto, de cada signo del ser amado. Prendido y prendado de su rostro, soy uno que busca en los rictus imperceptibles, en la dirección de la mirada, en la vibración de los labios, el mensaje anhelado: *te amo,* el terrible y temido mensaje opuesto: *no te amo,* que, enloquecido, busca correspondencias, intenta leer no ya en los libros, sino en todas las cosas del mundo, la seguridad de la que carece o la confirmación pavorosa de lo que teme).

El amplio salón está lleno de gente. Despegado del mundo, separado por el hecho de ser un enamorado, es decir, un hombre anormal, estoy en dos espacios al mismo tiempo: el de la mundanidad social que aparentemente comparto con los demás, y otro íntimo, solitario, reservado, el de mi secreto amor por Aída. La gente que veo en la sala me parece extraordinariamente plana: tienen una sola dimensión, la social. Están enteramente en sus gestos, en sus diálogos, en su manera de beber y de comer. No están escindidos, divididos por el amor, no guardan un secreto. Experimento cierta complacencia en ser un hombre desdoblado, en tener conciencia de que puedo cumplir a la perfección los ritos del mundo y, sin embargo, estar ausente, separado, distante. Esta clase de goce (parecido a la autosuficiencia) me vuelve eufórico. Soy uno que sabe algo que los otros ignoran (mi duplicidad, mi estar y no estar, mi secreto), uno que tiene algo que a los demás les falta: otro mundo, interior, solitario, lleno de claves y de signos para interpretar y que corresponden a mi lectura del amor por Aída. (El hombre enamorado busca lo significativo en lo que socialmente se considera intrascendente, efímero, y en cambio, pierde interés por los discursos consagrados, establecidos.) Juego a ser inteligente, ingenioso, brillante. Juego a que estoy, precisamente porque no estoy. Es como una danza de pavos reales, y mi cola (mi sociabilidad) no es menos bella que cualquier otra, incluso la exagero, en la medida en que no es lo único que tengo. Puedo ser generoso: tomo nota de números de teléfono a los que nunca llamaré, acepto invitaciones para actos y reuniones sabiendo que el día indicado me excusaré o simplemente faltaré. Me regocijo al desplegar, con delicadeza, una sociabilidad tan efímera como superficial: sonrío amablemente, deslizo comentarios inteligentes, estoy bien vestido, soy un animal perfectamente urbano y civilizado, en apariencia. (Oculto con mucha habilidad al salvaje, es decir, al hombre enamorado, al hijo dependiente, el adherido al cordón umbilical, el hambriento, el mamón, el obsesivo, el vulnerable, el paria, el hombre que no es, que no tiene, que no sabe, el que no comprende, el nervioso, el irracional, el dependiente, el agónico, el suicida, el enajenado.) Saber que puedo, por un par de horas, volver a ser un hombre civilizado (es decir: un hombre no enamorado), autosuficiente, mundano, productivo (produzco comentarios, discursos, chistes, participo del tráfico social y de lenguaje, participo del intercambio de juicios), es efímero, precario: la intensidad de este reencuentro con el mundo se debe, fundamentalmente, a su brevedad: yo ya no tengo espacio, no tengo tiempo: estoy exiliado del mundo, de la vida convencional (trabajos, amigos, recreos, diversiones, lecturas, relaciones) y del lenguaje (mi lengua es otra lengua, la lengua gutural del salvaje, el balbuceo babélico del expatriado, la jerga del recluso, la germanía del delincuente, el lunfardo del arrabalero). Compruebo, con sorpresa, que no estoy definitivamente excluido, como creía, del mundo: si renuncio a mi amor por Aída, puedo volver a ser social, gregario; podré hablar la lengua común, la del desamor.

Alguien se acerca y me saluda. No recuerdo su nombre ni su profesión. Mis recuerdos, ajenos a Aída, anteriores a mi amor por Aída, están envueltos en una nebulosa, como si vinieran de otro mundo. (Soy yo, en realidad, el que vive en una isla, solitario y desconocido: mi amor por Aída es una isla fuera del tiempo y del espacio.)

—¿Tú por aquí? —me dice el desconocido—. Creí que te habías ido de la ciudad.

(Verdaderamente: habito otro mundo, sin dirección, sin mapa, sin señales de identificación.)

—Te equivocas —le digo—. Sigo viviendo en esta ciudad. Pero estoy muy ocupado.

(Soy un hombre muy ocupado que no hace nada en todo el día. No tengo tiempo, pero mi empleo del tiempo no produce objetos, ni dinero, ni obras: es, por tanto, un tiempo imaginario, para la sociedad en que vivimos, una sociedad desamorada. Toda mi energía se consume en amar a Aída, en imaginar a Aída, en esperar a Aída.)

—Cuando un hombre empieza a leer el diario —le digo a Raúl—, es que ya se ha desenamorado.

A los hombres normales, que no aman, les produce escándalo la vida del enamorado. En efecto: no hace nada. Sin embargo, si se pudiera medir su energía intelectual, la energía de su imaginación y la de su sensibilidad, posiblemente sería el hombre que más hace.

—El amor es una toxicomanía —dice Raúl.

Me dejo intoxicar por Aída. Aída es mi droga y las dosis de Aída que necesito son cada vez mayores. Como el adicto, el *mono* de Aída me produce una ansiedad incontrolable. Hablo solo, bebo demasiado, fumo demasiado, pero estas otras drogas no reemplazan a la única droga que deseo. El mono me hace perder los automatismos, me distancia de todos los objetos, me vuelve extraño de la realidad. Obsesionado por Aída, olvido cualquier cosa que no tenga que ver con ella: de pronto, la cafetera eléctrica se convierte en un aparato complejo y desconocido, que no sé hacer funcionar. Como un animal monstruoso, está compuesta por diversas partes cuyo engarce ignoro, y me es indescifrable. Las piezas tienen una estructura hostil y no sé ni su orden ni su combinación. Lo mismo me ocurre con la ropa: he esperado todo el día, sin hacer nada, el momento ansiado de encontrarme con Aída, pero ahora, que debo vestirme, no sé qué camisa elegir, no encuentro los zapatos, el pantalón me parece manchado. Finalmente, ante el temor de llegar tarde, me pongo una chaqueta cualquiera y el pantalón de otro traje. Salgo rápidamente, pero a mitad del camino me asalta la sospecha de que llevo calcetines diferentes o de que tengo el pulóver al revés. Enseguida, sospecho que he olvidado cerrar la puerta de mi apartamento, o que he dejado el gas encendido. Deseo regresar, pero a la vez no quiero llegar tarde a casa de Aída, a quien la impuntualidad exaspera. Continúo, entonces, el viaje bajo la sensación de una catástrofe: mi apartamento seguramente arderá, o será desvalijado, pero prefiero esa catástrofe a la de hacer esperar a Aída (quien, por lo demás, escucharía mis explicaciones con suspicacia, dispuesta, siempre, a hallarme culpable de alguna falta hacia ella). Ni siquiera la presencia de Aída sirve para hacer desaparecer por completo mi ansiedad. Aplacado, sólo aplacado un poco por su presencia, traslado mi obsesión a sus gestos, a sus palabras: observo su mirada, y si se aleja de mí, me angustia, me siento traicionado. Lo mismo me ocurre con la conversación: los intentos de Aída de hablar de temas generales, o de pedir mi opinión acerca de un conflicto político, encuentran a un conversador distante, desestimulado, poco activo: sólo quiero hablar de mi amor hacia ella y de su amor hacia mí. (Pero el hecho de que no me hables del amor que sientes hacia mí me parece una prueba irrefutable de tu falta de amor. ¿Cómo es posible hablar de otra cosa que no sea del ser amado? A la vez, me siento atrapado en una alternativa imposible de resolver: si no consigo hablar con cierto entusiasmo, inteligencia o interés de algo diferente a mi amor por ti, te irritas y eso pone en peligro tu amor, pero a la vez, si te hablo de algo diferente a mi amor por ti, siento que lo traiciono, que participo del mundo, que me integro, de alguna manera, a la hora de cuerdos desenamorados.)

Seguramente podría renunciar a Aída; mucho más difícil, en cambio, sería renunciar a mi amor por Aída. Si lo hiciera, me convertiría, otra vez, en una persona normal, es decir, en alguien que no ama. Al renunciar a mi amor por Aída ganaría, otra vez, el mundo. Si no consigo estar integrado a Aída —como el creyente no logra estar integrado a la divinidad, sino que debe seducirla, conquistarla, ofrecerle tributos, oraciones, votos— podría, renunciando a mi amor, integrarme por fin al

mundo. Los otros serían, otra vez, mis semejantes: abolido este culto idolátrico y solitario
a una divinidad esquiva y menor (como un fa-
nático de gustos peculiares, el cazador de ma-
riposas, el coleccionista de fósiles, el cons-
tructor de miniaturas de madera), volvería a
ser un hombre libre, exento de las obligaciones del culto y la celebración. En lugar de ser
un contemplador hipnotizado, sería un hombre desligado, desgajado, desprendido, lúcido
y cuerdo.

Lamo tu ropa. Primero, el delgado bretel negro que, lamido por mi lengua, se balancea sobre tu hombro ancho y blanco, bárbaro, columpio báquico. El bretel es de seda, una fina cinta negra que puedo deslizar con la lengua. Después de macerarlo, lo sostengo entre mis dientes como una presa. Lo estiro hacia mi lado, y escucho el íntimo crujido de la seda. Si tiro de él hacia arriba, hay un suave movimiento del seno, como un médano de pronto sorprendido por la brisa. Tiro de él. El seno se mueve. Sé que con el bretel negro en la boca estoy dirigiendo tu seno, elevándolo como un globo de aire que empieza a ascender. Entonces, súbitamente, mi boca suelta el bretel negro y las arenas retroceden, recuperan su lugar. Si en cambio, con el bretel negro amarrado entre los dientes, como un mástil, me inclino hacia la izquierda, asoma otro trozo de hombro, escondido hasta ahora, despunta la luna blanca del seno partido en dos. Y si mis dientes conducen el bretel hacia el otro lado, cerrándolo sobre tu cuello ancho, maduro, el seno se comprime, como una naranja, se ahoga entre la tela. El bretel me tiñe suavemente los labios. Es una tinta negra, como si sobre mi boca que no cesa de lamerte surgieran oscuras escoraciones de lepra.

—Ten cuidado —me dices, a veces, entumecida por el deseo y la saciedad.

No puedo cuidarte ni cuidarme. El amor tiene un precio.

Cuando me canso de un bretel, me dirijo al otro y reinicio la operación. Estrujo el delgado cordón negro con mis dientes, mi saliva cae sobre la copa del sujetador, babeo, soy un perro anhelante, lamedor, volcado en ti como en una fuente. Sorbo, chupo, bebo, beso, babeo, hurgo, estrujo, saboreo, absorbo, relamo, paladeo, huelo. El delgado bretel se humedece entre mis labios. A veces, escupo pequeñas hebras de seda, diminutas bolitas negras que se me pegan a la lengua, al paladar. La boca se me llena de saliva y amenaza ahogarme; la dejo caer en largos filamentos sobre tu ropa; el pezón, mojado, se pega a la tela, se endurece, crece, adquiere consistencia, se convierte en una cresta montañosa, es una atalaya.

—Faro —le digo.

Tu pezón despunta bajo la tela, empedrecido. Babeo como un niño de pecho. Largos filamentos de saliva caen sobre tu piel, contonean el aro de tus senos. Entonces, con la yema de los dedos, escribo sobre tu cuerpo los signos de mi amor húmedo. La A., de tu nombre. De pezón a pezón la barra horizontal: de cada pezón al cuello, las líneas rectas. De pezón a pezón la curva de un pez: mi amor cetáceo de ti. Después, con la saliva que he dejado caer sobre tu vientre, ancho y opulento, dibujo la barca en que nos mecemos: los amplios huesos de la pelvis son las anclas. Me aferro a ellas como un náufrago perdido. Me agarro a tus costados y gimo. Soy el perdido, el recién nacido, el paria. Tú te balanceas suavemente y me meces. Ahora soy el navegante a la deriva impulsado por las olas y la brisa. Ancorado a ti como un coral. Como el mejillón a la roca. Como el musgo a la piedra. Tengo tanta saliva en la boca que me ahogo y expulso un poco sobre el pozo de tu ombligo. El pozo la contiene. Hundo la yema de mi dedo índice, la yema se moja y, con la saliva goteante, llevo mi dedo hacia el aro rosado de tu pezón: lo contoneo, le doy vueltas, rueda de mi amor. La saliva, en la cuenca de tu seno, parece gris, como un pequeño mar de la luna, esos de nombres curiosos, como Mar de la Melancolía o Mar de los Pensamientos. El suave hoyo lunar del aro de tu pezón será mi reserva de agua potable para cuando esté cansado de la travesía de tu cuerpo. Volveré a él, una y otra vez, luego de cada excursión. Será mi manantial, mi pozo, el lugar de las reparaciones.

Deslizo un dedo húmedo por la línea de tu cuello. Subo y bajo, asciendo y resbalo. Tú has vuelto a cubrirte, provocadora. En uno de los regresos, mi lengua, extraviada, se dirige al borde de tu sujetador. Un encaje negro, transparente, cubre la parte superior de tus senos. Me paseo por esa línea con un dedo, como un sonámbulo por una cornisa. En cualquier momento podría precipitarme al vacío, caer en el abismo de tus senos. Pero no. Resisto el vértigo, la ansiedad, y recorro el borde delicadamente, de un extremo a otro. Me aficiono a esa línea. Por el fino entramado de la tela se adivina el nacimiento de los senos blancos, tocados por una luz dorada, la luz del paraíso. Entre las delicadas estrías del bordado, si afino bien mis yemas, puedo palpar los menudos poros de tu seno, tibios y abiertos. Sólo después de haber frotado un poco, como por casualidad, la tela contra la piel, bajo los ojos y me enfrento directamente a las dos esferas concéntricas de tus pechos, cubiertos por la malla negra. Los miro bien, para aquilatar su simetría. Son dos, opuestos, opulentos, encontrados, aparentemente iguales. Iguales en forma, en densidad, en peso. No sé si amigos o enemigos, pero equidistantes, paralelos. Entonces, alzo bien mis manos, las elevo muy por encima de tu cuerpo y, desde la altura, procuro ahuecarlas como dos recipientes aptos para caer sobre ellos y recogerlos, contenerlos. Procuro realizar la operación con delicadeza e infalibilidad. Primero, muevo mis dedos en el aire, los froto, como antes de tocar el piano; luego les voy dando forma, como si se tratara de un molde. Debo intentar que mis manos tengan la redondez y la profundidad adecuadas para tus senos. Cuando creo que he diseñado el receptáculo ideal para ellos, desciendo bruscamente por el aire, como un ave de presa, y los atrapo. Uno queda en mi mano izquierda, el otro en la derecha: como quien encierra dos esferas. Mis cinco dedos curvos se han posado sobre cada uno de tus senos y los cubren, los aprietan. El calor de tu pecho atraviesa la tela negra, como el fragor de dos volcanes dormidos. Es un calor profundo, parecido a un ardor. Una vez atrapados, los mezo suavemente, con un movimiento giratorio y concéntrico. Mi mano izquierda gira alrededor de tu seno izquierdo en el sentido opuesto a las agujas del reloj, y mi mano derecha gira en torno a tu seno en el sentido contrario. Procuro que ambos movimientos, paralelos, tengan el mismo ritmo. Te digo que en una de mis manos sostengo el mundo y, en la otra su imagen. La esfera y el reloj. La tierra y su doble. La rueda y el espejo. La luna y la otra luna que, como un lago, brillará el día violento del Apocalipsis.

El amor, lento y profundo, va ganando ritmo y velocidad. Tú jadeas levemente. Las dos esferas, encerradas en mis manos, se calientan como frutos salidos de la tierra. Granadas bárbaras, duraznos rojizos. Soles de estío, ganglios efervescentes. Bujías cálidas, guindas ardientes. Entonces, súbitamente, suelto tus senos, los abandono, y ellos, libres, siguen estremeciéndose, trazan dos órbitas más, por la inercia del movimiento que yo les imprimí. Se estremecen como médanos de sólida base y superficie volátil. Vuelvo a alzar las manos, distantes, y froto mis yemas como antes de pulsar un instrumento. Mis dedos están sensibles, alas de mariposa. Separo bien el pulgar y el índice del resto, los afilo, y los dirijo, aún frotándolos, hacia tus pezones. Tus pezones sobresalen de la tela negra como dos faros de piedra. Los agarro suavemente entre mi pulgar y mi índice y los estrecho, sintiéndolos crecer. Al principio, tus pezones se endurecen. La piel se eriza y se arruga. No los veo, sólo los palpo. Pujan por salir, por romper la tela negra de tu malla. Entonces, ciñéndolos bien, los ayudo a romper, como si fueran las cabezas de náufragos sobre las aguas. Tiro de ellos hacia afuera, para que sobresalgan. Y ellos despuntan, como dos soles ocultos dentro de dos soles mayores. Entonces, cuando ya han crecido bastante, aíslo uno. Primero el izquierdo. Sobresale bajo la tela como si fuera un niño con sombrero. Tu pezón, que no toco, bajo mi mirada se hincha y aumenta. Mirándolo fijamente, me mojo con abundante saliva los dedos. Traslado la saliva hasta la tela negra. Sobre la tela, contoneo tu pezón con mi blanca saliva. Describo pequeños círculos concéntricos y giratorios. La tela se va tiñendo de blanco sobre tu pezón. Me retiro un poco y desde arriba contemplo mi obra. El blanco líquido sobre la tela negra crea una zona de nieve, de reflejos densos. Tú inclinas la cabeza y también miras. Miras el círculo blanco que rodea tu pezón, la huella de mi saliva, con un poco de curiosidad, como si aquello que les ha sucedido a tus senos fuera algo que le ocurre a otra.

—¡Aída! —te nombro, para que te reconozcas.

—Aída —repites tú, ahora con la cabeza hacia arriba y los ojos cerrados.

—Aída —vuelves a decir, reconcentrada en ti misma, como una ostra en su concha, como una esfera que se come su borde. Entonces, separo tus piernas. Tus grandes piernas de estatua romana, de matrona en un patio de Cartago. Son piernas sólidas, de una sola forma, anchas, amplias, solemnes. Cuando las abro, como si fueran una pantalla, tú despiertas de tu concentración, lentamente vuelves de tu viaje al fondo de ti misma y abres los ojos. Las separo con un gesto suave y delicado: sólo el necesario para que se abran un poco. La malla negra te cubre el cuerpo, desde los senos a las ingles. Allí, en la dulce línea de juntura, se detiene. Tu sexo es pequeño y angosto. Un sexo desproporcionadamente pequeño, para una mujer tan grande. Como si en lugar de ser el sexo de una matrona romana, fuera el sexo de una niña imberbe, a la que todavía no le nació el vello entre las piernas. Oculto entre los muslos, tu sexo es de una brevedad que contrasta con el resto del cuerpo. Como si se hubiera desarrollado poco, como si quisiera ser sólo el dibujo de un sexo. Abro apenas tus piernas y tú miras hacia abajo, hacia el pequeño triángulo de seda negra que se descubre oculto entre ambas piernas. Amo tus muslos. Son blancos, delicados; mis manos resbalan por ellos como sobre una pista encerada, como sobre el valle nevado de una montaña. Y miro el triángulo negro como si fuera una isla. Una isla de vegetación boscosa y arracimada. Entonces tú, impaciente, con un gesto preciso y rápido, abres la malla y descubres tu sexo. Ahí está, diminuto, oculto en el boscaje. Encerrado entre hojas oscuras y

94

musgos mullidos. Tan profundo que, para llegar a él, es necesario abrir camino con ambas manos, como en la selva el machetero. Uso ambas manos para separar el vello en dos, igual que la raya que se traza en la cabeza de los niños para peinarlos. El pequeño sexo, rosado, reposa como un recién nacido en su cuna. Respiro fuerte cerca de él, para que mi aliento, cargado de deseo, lo estremezca de calor. El recién nacido yace en su cuna, apenas mojado por el líquido amniótico y con huellas membranosas en los costados. Soplo, para despertarlo. Se mueve. Entonces tú, bruscamente, y sin mirarme, coges mi cabeza con tus manos, asiéndome por los cabellos, y colocas con precisión mi boca en la pequeña cuna, cápsula donde guardas tu clítoris celosamente.

Ahora el vello de tu pubis es mi bigote. Farfullo entre pelos de mi cara, de tu sexo. Balbuceo guturalidades. Rozo apenas con la lengua al recién nacido que yace en su cuna. Lo embisto dulcemente. Le hago cosquillas en las axilas. Lo topo con mi lengua, llena de saliva. Lo mezo de izquierda a derecha, de derecha a izquierda. Lentamente, el recién nacido despierta. Bosteza entre sábanas y almohadas. De pronto, se muestra sensible a un gesto que hago, con la lengua, y lo repito rítmicamente. Entonces tu pierna izquierda, como si estuviera conectada por un cordón invisible a la profundidad oculta de tu sexo, se estremece involuntariamente, reflejo mecánico de un nervio sensible. Aumento la presión del gesto, y esta vez tu pierna, desbocada, me golpea suavemente la cabeza, me topa, como una cabra ciega. El recién nacido acaba de despertar y comienza a sacudirse. Voltea la cabeza, crece, se inflama, se hincha.

Lo lamo y se moja. En el extremo del clítoris, como un higo, hay una gota fija, transparente, esfera de miel que intento atrapar con los labios; la bebo, pero vuelve a manar. Ahora tu sexo es una fuente de aguas termales. Si paso el dedo, mi yema se calienta, como una fragua. Pero tú no permites que mi boca se separe de él. Allí bebo, allí vivo, allí nazco y muero, allí respiro, sufro, grito, aúllo, allí combato. Hasta que la tensión se vuelve insoportable. Entonces, yo también, con un solo gesto, preciso y rápido, hundo la punta de mi sexo en tu vagina. Penetrar no siempre es fácil: tú eres la dueña de tus aposentos, la que abres la puerta o la cierras. Yo soy el advenedizo, el efímero. Tú hablas por tu clítoris, yo hablo por mi voz. Mi lengua y la tuya son lenguas diferentes, díscolas. Mi sexo no es palabra, mi sexo es oído. Si te he escuchado bien, podré penetrar quizás hasta el patio, quizás hasta la recámara. El acceso, la clave para entrar, tú sola la posees, la das o la quitas, la concedes o la niegas. Yo sólo puedo entrar: soy la llave, no una casa. Tú, que eres la dueña de la casa, el ama, puedes quedarte sola, puedes abrir o cerrar las habitaciones, puedes dejar entrar a este o a otro viajero.

Es cierto que podría intentar habitar otras casas, atravesar otras murallas, transgredir otras fronteras, pero mi destino, siempre, es el de visitar; en cambio, tú eres el aposento. Yo soy el afuera, tú eres el adentro. Y afuera es el desamparo, la miseria, el frío, la noche, la necesidad de habitar. Afuera es el terror de la soledad. Vivo en el afuera: buscando, siempre, entrar. Tú vives en el interior, protegida por tus vellos, tus mallas, tus encajes: tú te habitas a ti misma, puesto que eres la interioridad. Yo, en cambio, sólo puedo habitar a otra, dado que soy el afuera.

Es cierto que puedo salir o entrar: pero no puedo, en cambio, alojar a nadie.

—Alojé a mi hijo nueve meses en mi vientre, y cuando salió, nunca pude recuperarme de ese vacío —grita Aída, madre.

Yo soy el afuera, tú eres el adentro. Aunque quisieras (y a veces lo deseas), no podrías llevarme contigo a todas partes, enlazados por el cordón de mi sexo como madre e hijo. Estoy condenado a la soledad, por ser una llave, no una casa. Condenado a la soledad, salvo en este instante, sagrado, en este instante, sacro, en este instante, uterino, umbrario, total, en el que penetrando en ti, accediendo a tu interior, lamido por tus jugos, acunado por tus mucosas, abrigado por tus tejidos húmedos, calentado por tu ardor, abrazado por las paredes de tu sexo, recibido en tu recámara, agarrado a tus costados, mecido por tus músculos vaginales, adherido a tus tegumentos, absorbido por la fuerza de tu vientre, atrapado entre lianas y musgos, soy el tronco hundido en la matriz, soy el árbol terciario nacido en la caverna, soy el arado que abre la tierra, soy el mástil en la barca que se mece y se mece, portándonos, arrastrándonos corriente arriba, corriente abajo, hasta la muerte.

XI

Compro viejos y nuevos diccionarios para Aída. Los viejos son para leerlos, los nuevos sólo para consultarlos. En ellos buscamos palabras antiguas y palabras modernas, palabras que existen y palabras inventadas.

—Hay días en que amanezco muy *eme* —le digo a Aída.

Despierto membranoso y mamario, masturbatorio, meditabundo.

Me pongo místico. La amo inmoderadamente, como a un ídolo antiguo.

—Hoy me siento muy *be* —dice Aída, siguiendo el juego.

Babel, bacante, bárbara, bella y brutal, bramadora, burlona, bravía, bovina, biliosa, bostezante, a veces beoda, babeante, bestial.

—Bala, bebe, bencina, burbuja, benjuí, bisturí, balsa, boca, blanco, bolo, blonda —dice Aída, asociando libremente.

—Bruja, belga, barca, Barcelona, Bremen, bramido, branquias, belladonas, bostezo, bajo, besamano —agrego yo, enseguida.

A la noche, bajo la cama, los diccionarios están de pie. Dormidos bajo la O opalina, bajo la dorada D, y en mis sueños hay palabras que no conozco, como bastelo y bondino.

Despierto, a las tres de la mañana, solo, sin Aída. El cielo tiene una leve tonalidad rosa, en el negro profundo. Me visto. Aída, lejos, debe dormir junto a su hijo. Ninguna posibilidad de despertarla, de llegar hasta su casa y meterme en su cama. En la calle hay algunas luces encendidas. Los autos, en fila, ocupan todo el espacio. Como grandes insectos coriáceos que hubieran invadido la ciudad, y ahora, dormidos, reposaran de su triunfo. Árboles raquíticos asoman entre ellos, como picas de un ejército en retirada. Por la calle, nadie. Los focos encendidos iluminan un telón fantasmal, un teatro vacío. El Vips está abierto, repleto de chucherías, como la antesala de un aeropuerto, a la noche, en un viaje transoceánico. Los escasos clientes se pasean entre carteles de viejas actrices, hoy retiradas, cuya belleza tiene algo de prefabricado, algo de cartón. Marlene Dietrich y su larga boquilla, con su mirada viciosa de mujer aburrida, de mujer sin ilusiones, pero que provoca el

sueño ajeno. Rita Hayworth y su melena rojiza, con un vestido negro y un sujetador exagerado quizás para sus glándulas mamarias. Me
muevo entre revistas extranjeras con portadas
casi siempre iguales: príncipes, tenistas, ministros. Aída no está en ninguna, aunque es la
única imagen que quiero ver. Aída con su rostro siempre pálido, de mujer que no ama el sol,
de psique enfermiza. Aída con su melena sobre los ojos, como un perro de aguas. Aída y el
misterio de boca ancha y breve, con un leve
orificio en el centro. Me paseo entre libros de
fotografías, de motores, de nostalgias: películas, muebles, perfumes. Compradores distraí-
dos eligen sin ganas lujosos paquetes de cho-
colate, revisan sobres de discos, tarjetas pos-
tales. Compro, para Aída, que no está, una serie de láminas con reproducciones de Tamara
de Lempicka. Sé que ama esos cuerpos mus-
culosos y fríos, esos vestidos negros de corte
fascista, esa belleza un poco sádica, por imposeíble. Tamara de Lempicka pinta siempre lo
mismo: la belleza marmórea de cuerpos sin
alma, de estructuras óseas casi opulentas pero
autistas. Con el libro de Lempicka bajo el brazo, envuelto en un papel negro con flores rojas, voy al bar del Vips. Solitarios, abandonados clientes (¿todos tienen una Aída alejada, en alguna parte, que duerme sola o con su
hijo?) de aspecto estrafalario beben coñac o

café y miran con ojos brillantes o lánguidos la
barra de fórmica negra que reluce como un espejo. Hay un joven con campera de cuero y
adornos de lata, y un mastín a los pies, sujeto
por una cadena. En un costado, veo a un hombre gordo y de carnes fofas, bajo, con los ojos
oscuros y pequeños, que bebe whisky junto a
una mujer de cabellera rojiza y falda de terciopelo rosa, por encima de la rodilla. Reconozco al marido de Aída. Bebe con la cabeza
baja, ensimismado. Me acerco y apoyo el libro de reproducciones de Tamara de Lempicka junto a su vaso.

—¿Me permite? —le digo.

El marido de Aída asiente con la cabeza.

Le ofrezco un cigarrillo. Acepta. Sé que es
un hombre bebedor, parco, escéptico y frío.
Pero súbitamente me inspira simpatía. Él
también amó a Aída y fue abandonado por
ella, y eso me provoca una rara solidaridad.
¿Acaso me identifico con su mala suerte?

—¿Qué hacías con tu marido? —le pregunto a Aída.

—Nada —responde Aída, todavía irritada
con él—. A veces, bebía, para acompañarlo.
Otras, jugábamos a las cartas. Hugo es mudo.
No le gusta hablar. Creo que le tiene miedo a
la gente. Yo también.

Él no sabe que soy el nuevo amante de
Aída, y eso me da una clase de mirada de la

102

cual él carece. Sin embargo, por ser su marido, conserva, todavía, una rara superioridad sobre mí: la que da un papel, ahora anulado, un certificado, ahora vencido, un contrato, ahora sin vigor. Yo, en cambio, estoy despejado. No puedo exhibir ningún documento que acredite el amor de Aída, que nos conceda derechos y obligaciones, ningún papel nos une, nadie nos ha visto, no tenemos testigos, ni hemos recibido regalos, ni felicitaciones. Estamos extrañamente solos, Aída y yo, separados del mundo y de sus bendiciones.

—Nunca volveré a casarme —murmura Aída, resentida.

Sin embargo, yo sería tu marido. Un marido atento, solícito, amoroso, enamorado de ti, un marido complaciente, tierno, contemplativo.

—¿Casarnos? —dice Aída, sardónica—. No me hagas reír. La gente que se casa no hace el amor.

Me he vuelto un hombre convencional, por amor a Aída: me gustaría casarme con ella. Cualquier cosa que me asegurara su visión, su presencia, su contacto, su lugar y mi lugar, juntos. Quizás, si nos casáramos, yo podría pensar en otra cosa. Uno quiere estar todo el tiempo al lado de la persona a la que ama para poder pensar en otra cosa.

—Soy un hombre soltero —le digo al marido de Aída, que continúa sumergido en su vaso de whisky pero fuma el cigarrillo que le di. A su lado, la mujer pelirroja se adormece pesadamente. Aída también se duerme a veces así: como un gran animal marino.

—Estoy divorciado —contesta el marido de Aída.

—Más o menos lo mismo —le digo a Hugo.

—Me gustan las mujeres —murmura, mirando de soslayo a su vecina.

—¿Esa? —le pregunto, tratando de ocultar mi escepticismo.

—Y otras —contesta Hugo.

—¿Y su mujer? —le pregunto audaz. Es un diálogo que sólo se puede sostener con el marido de Aída si está borracho, imagino.

Ríe de manera oscura, como si se hiciera una broma a sí mismo.

—Prefiero no hablar de eso —murmura—. He tenido un hijo con ella. Si se puede decir que un hombre tiene un hijo. Si se puede decir que alguna vez fue mi mujer.

Ahora lo invito a otra copa. Tengo la sensación de que no me mira, de que no me ve.

—¿Fue feliz? —le pregunto estúpidamente.

—Ni ella ni yo —contesta melancólicamente, a pesar de todo. Para ser un hombre que no habla, como dice Aída, estoy teniendo un éxito notable. O el whisky.

—En teoría —agrega el marido de Aída—
tendría que haber funcionado. Pero hay algo
en ella..., digo, en mí..., en ella —balbucea el
hombre, otra vez, y no termina la frase—. Afi-
nidades: los mismos gustos, manías semejantes. Sin embargo... Imponderables. ¿Por qué
me lo pregunta? —dice, como si por primera
vez reparara en mí—. Hace mucho tiempo de
eso, aunque a veces creo que el tiempo no ha
transcurrido. He envejecido un poco, aunque
no era muy joven cuando me casé. Ella también debe haber envejecido un poco, pero de
diferente manera.

—¿No la ve nunca? —le pregunto, aunque
ya sé la respuesta.

—Sí, de vez en cuando. Diálogos difíciles,
igual que cuando nos casamos. No soy muy
conversador, a pesar de que usted crea lo contrario. Sólo hablo cuando estoy bebido. Ella
tampoco. Aunque no bebe. Y el hijo es de ella.
El hijo siempre es de las madres. A lo mejor
yo tampoco puedo ser padre, sólo puedo ser
hijo de mi madre. Creo que sólo amamos a las
madres.

—Esa no tiene mucho aspecto de madre
—le digo, señalando a la pelirroja de falda de
terciopelo que está semidormida, indiferente
a nuestra conversación.

—Ésa no —dice el marido de Aída, recor-
dando que hay alguien a su lado—. Es que to-

davía no ha tenido un hijo. ¿Cuál es su profesión? —me interroga el hombre, de pronto cauteloso.

—Soy profesor —digo, sin precisar mucho.

—Entiendo algo de eso —responde el marido de Aída—. Soy historiador. Un ratón de biblioteca, como se dice. Y en las horas libres, me dedico a beber.

Todo un modelo de vida. He conocido a cientos de tipos así.

Me pregunto cómo Aída ha podido acostarse con un tipo tan feo.

—La belleza es algo que me tiene sin cuidado —dice Aída, y yo recibo la frase como un disparo en la nuca: por lo menos, soy un hombre guapo, y eso podría darme algunas ventajas sobre los hombres anteriores, sobre los futuros. En cambio, la belleza de Aída me resulta insoportable, como un dolor que no puedo sostener yo solo: quisiera compartir con ella también su belleza.

—Deja de hablar de mi belleza, por favor —dice Aída, recelosa.

Pero en la belleza de Aída hay un desgarramiento, un antiguo dolor. Como si para construirla hubiera sido necesario romper algo, sufrir mucho. Nada sé de ese dolor, salvo su intuición profunda. Dolores que se arrastran día a día, año a año. Dolores que no se agotan, que no cesan, que se destilan con la menstruación, con el endometrio irritado, con la vulva inflamada. Dolores oscuros, viejos remordimientos, pesares que no pasan.

—El dolor amarga —dice Aída, y en el rictus que se dibuja en su frente, en sus labios, yo descubro, azorado, las huellas de sufrimientos que nada tienen que ver conmigo.

Aída es una mujer que no olvida. Aída es una mujer que guarda las heridas como si fueran textos antiguos, inscripciones que hay que volver a leer, a revisar, para reinterpretar, para enlazar el pasado con el futuro. Su belleza tiene algo de esos dolores viejos que no cesan: como si cada día su rostro repitiera el dolor del nacimiento, el dolor de la primera menstruación, el dolor de descubrirse diferente, el dolor de saberse única, es decir, sola, el dolor de las primeras decepciones, el dolor de amar, el dolor de no amar, el dolor del parto, el dolor de la maternidad, el dolor de cada separación, el dolor de estar viva.

Corrompido por sus dolores antiguos, debilitado por las penas que adivino en su rostro, emito un deseo reparador:

—Aída —le digo—: tú y yo no nos separaremos nunca. No más separaciones para ti, no más separaciones para mí. Juntos. Por todo el tiempo que reste.

Aída me mira como si yo fuera un niño loco perdido en un jardín.

—Tonto —me dice, sonriendo.

Pago la cuenta y me voy del Vips.

Al otro día, comento con Aída.

—Anoche —digo— me encontré con tu marido en un bar.

—No es de envidiar tu buena suerte —dice Aída, amarga—. Además, deja ya de decirle mi marido.

XII

Estamos solos, por primera vez, los dos, en la misma habitación. Es el comedor de la casa de Aída. En la esquina hay un búcaro azul con flores malvas y un desvaído cuadro abstracto en la pared. La ventana está abierta y se escucha el rumor de la calle, poco transitada a esta hora de la tarde. Aída ha salido y nos dejó solos, no sin alguna prevención. El niño tiene cierto parecido a Aída: sus mismas piernas largas, las manos blancas, la frente ancha. También se parece al marido de Aída. Lo examino con atención, raro animal embrionario, sentado en la alfombra, rodeado de sus juguetes. Él no me mira, pero sé que advierte mi presencia; su ostensible indiferencia es una forma sutil de hacerme sentir incómodo. Hojeo un periódico, para disimular. Él hace ruido con una de sus máquinas eléctricas. Yo toso. Enciendo un cigarrillo. El humo lo molesta, y hace un gesto para sacudírselo, sin volver la cabeza. Pero Aída también fuma, aunque ahora no esté. Pienso que este raro renacuajo ha estado nueve meses en el interior de Aída, alimentándose de sus jugos, lamiendo sus entrañas, restañando sus membranas, sorbiendo su sangre, nadando en el líquido amniótico, acariciando sus tejidos, oprimiendo su cintura, y sufro un violento ataque de celos. Nunca podré estar en el interior de Aída como él ha estado. Nunca podré formar parte de ella, como él ha formado. No me podrá parir entre las piernas, no saldré de su vientre, no me expulsará entre contracciones vaginales, no me escuchará latir, no podrá acariciarme la cabeza al tocarse la cintura, no beberé su leche, no estrujaré sus entrañas. No forcejeará para retenerme, para expulsarme. Todo será infinitamente más exterior y separado. Más superficial, menos profundo que la relación con este pequeño renacuajo al que ha dado su sangre, su piel, sus células y los gritos del parto, el orgasmo final del parto, la depresión puerperal.

—Mamón —le digo con la voz suficientemente alta como para que escuche mi grito, aunque no pueda entender el sentido de mis palabras.

Ha debido escucharme, pero permanece, indiferente, vuelto de espaldas, entretenido con sus piezas y sus máquinas. Deliberadamente, dirijo el humo contra él. Sé que eso lo fastidia. Dice que no fumará, cuando sea grande, porque un programa de televisión le ha enseñado los peligros pulmonares del tabaco. Es un renacuajo que quiere vivir muchos años; quiere crecer, quiere ser sano, quiere prosperar. Ni los vicios de su madre, ni los vicios de su padre, ni los vicios de los amantes de su madre. Un tipo sano, éste. Allí, sentado en la alfombra, pendiente de las tuercas y de los tornillos, construyendo ciudades en miniatura, como si se tratara de un Dios enano y concentrado. Seguramente se cree el dueño del mundo, y suyo es el mundo, en cierto sentido: la casa, Aída, los juguetes, su cuarto. Suena el teléfono. Él y yo nos volvemos al unísono y miramos el aparato, mientras nos medimos. Yo no contesto el teléfono en casa de Aída: nuestra relación es semisecreta, y mi voz, respondiendo, podría despertar curiosidades innecesarias. Por ejemplo, la de Hugo. El teléfono continúa sonando mientras el niño y yo lo miramos, sin saber cuál de los dos se considera con el derecho de atenderlo. Al fin, triunfante, el niño se dirige al aparato y responde. Es Aída. Quiere saber cómo se encuentra su hijo. Él, consciente de su victoria, responde que muy bien, jugando. Aparentemente, Aída no pregunta por mí. Yo no estoy. Yo no existo. Yo no soy. La conversación, entre los dos, se desarrolla con total prescindencia de mi parte.

Cuando cuelga, el renacuajo tiene una leve

sonrisa en los labios: sabe que Aída es suya, que la posee, que Aída lo ama, que forman una pareja indestructible. Se dirige otra vez a la alfombra, arquitecto de ciudades en miniatura que son su reino particular.

—Mamón —vuelvo a decirle, de espaldas.

Él no me oye, o finge no oírme. Estamos separados, distantes, y sin embargo, la tensión del ambiente es tan intensa que puedo decir que el aire tiene un peso exagerado, para estar compuesto sólo de moléculas y de partículas. Nervioso, procuro interrumpir este silencio agresivo:

—¿Cuánto tardará en venir tu madre? —le digo, atragantado.

—No sé —contesta el niño, indiferente—. No me lo ha dicho —agrega, generoso.

Tampoco le ha dicho quién soy yo. Aída cree que no debe darle ninguna explicación a su hijo, y éste me acepta con la fría indiferencia con que ha aceptado a otros amantes de Aída: sin hostilidad, sin simpatía. Me siento transitorio, vulnerable, hipersensible. Viajero de paso, sujeto por una débil liana a Aída (la de mi sexo), no por un cordón umbilical.

Tengo ganas de marcharme (de pronto la atmósfera de la habitación se me vuelve irrespirable, odio el búcaro de flores, el tinte rosa de la pared, los sillones de cuero, la alfombra velluda), pero no puedo dejar al niño solo: le he prometido a Aída que lo cuidaría hasta su regreso, y aunque el pequeño renacuajo es autosuficiente, ella no me perdonaría jamás que lo dejara abandonado. ¿Abandonado? Yo soy el que se siente abandonado. El pequeño renacuajo jamás se siente abandonado: sabe que los amantes pasan, en cambio, él permanece. Me gustaría saber a cuántos amantes de Aída es capaz de recordar. Uno lo llevaba al fútbol, y acabó por fastidiar a Aída, que detesta los deportes. Otro le hacía muchos regalos, bicicletas, puzzles, payasos, y Aída, celosa, lo abandonó. Había uno que cometió el error de querer ser el padre adoptivo del hijo de Aída, y ésta, enérgica, lo echó de la casa:

—Mi hijo no necesita padre —gritó Aída—. Ni real, ni simbólico.

Otro cometió el error opuesto: no le agradaban los niños, tenía celos de él, y a Aída la disputa la fastidió.

El renacuajo ha construido una ciudad en miniatura sobre la alfombra. Con sus garages, sus plazas, un parque de atracciones, varias cafeterías, un cine y altos rascacielos. Ahora se vuelve, ufano, hacia mí; el arquitecto necesita la aprobación del público.

—Aquí está mi casa —dice, y señala con el dedo un edificio entre árboles, cerca de una gasolinera.

Lo halago: le digo que es una ciudad muy

bonita. Conforme con mi elogio, se vuelve, otra vez de espaldas, y comienza a construir un puente con su juego de ingeniería. Ocupa casi toda la alfombra y ordena las piezas de colores simétricamente, como un renacuajo neurótico que es. De Aída ha heredado o ha copiado el sentido del orden. El renacuajo detesta la suciedad, el polvo, la ropa sobre las sillas, las manchas de nicotina y de alcohol. Pienso en Hugo y en sus dificultades para emborracharse, cuando su hijo está presente. Debe beber a escondidas, simulando el whisky en un frasco de remedios, como Aída se oculta de su hijo para fumar hachís.

—Mamón —lo insulto otra vez, mientras disimulo hojeando el periódico. De pronto, de mi bolsillo (seguramente agujereado, soy un tipo desprolijo, la clase de tipos que el mamón nunca llegará a ser) rueda una moneda sólida, brillante, pesada. La moneda cae en la alfombra, a una distancia equidistante del renacuajo y yo. Cierro el diario, mientras la moneda rueda. El renacuajo se vuelve, con una pieza en la mano, suspendida, y también la mira. La moneda se posa. Ha quedado entre los dos. El renacuajo la observa fijamente. Yo también. Con seguridad, tiene ganas de abalanzarse sobre ella, pero todavía no se anima. Yo tampoco me muevo. Los dos nos estudiamos seriamente, sin hacer un gesto. La mone-

114

da, dorada, brilla sobre la alfombra, con aparente inocencia.

—Anímate, mamón —lo incito, aunque no sé si me escucha, si es capaz de entender mis palabras.

Como si me hubiera oído, el renacuajo se agacha, aplasta el cuerpo contra el suelo, en posición de reptar. Entonces, de inmediato, yo avanzo mi pie derecho cubierto por un puntiagudo zapato negro. Doy un paso en dirección a la moneda, pero sin levantarme del sofá. El renacuajo se estira, arquea su cuerpo y avanza unos centímetros. Yo doy otro paso hacia adelante. Lentamente, me pongo de pie. Ahora ambos miramos la moneda con ambición y codicia. De modo, renacuajo, que deseas la moneda que me pertenece, como yo deseo a Aída, que te pertenece. Quizás te vendas barato. Quizás te vendas por una rubia moneda con la que comprarte otra caja de puzzles. Pero no estoy seguro: a lo mejor quieres a Aída y, además, la moneda. El renacuajo hace un movimiento hacia adelante, comienza a reptar subrepticiamente. Yo lo dejo hacer. Nos miramos con odio. ¿Por qué crees que te pertenece? ¿Sólo porque está en tu casa, tan próxima a tu ciudad en miniatura? Doy un paso hacia adelante, pero no lo suficientemente largo como para cubrir el trecho de ventaja que me ha sacado. Él, con el cuerpo

pegado a la tierra, continúa avanzando lentamente. Sus dedos, cortos y pequeños, se esti-
ran para asir la moneda. Entonces yo, con un
paso largo y definitivo, la aplasto contra el
suelo. Mi zapato, negro y puntiagudo, la cubre. La piso bien, como si se tratara de una cu-
caracha. El renacuajo, cuyo gesto de alcan-
zarla quedó en el aire, eleva los ojos, asombrado. Sonrío, malignamente.

—Toma, mamón —le digo, triunfante, y
retiro el pie, empujo la moneda con la punta
del zapato hacia adelante. La recoge, y se la
guarda en el bolsillo.

Cuando Aída, por fin, regresa, le digo:

—Le he dado al niño una moneda grande.

—¿Por qué? —pregunta Aída asombrada.

No le digo que es el precio que he creído
pagar a su dueño.

—No lo consientas —agrega Aída, al
pasar.

XIII

Quisiera ser tu marido: comprar para ti coles en el mercado, volver con una gran bolsa de papel llena de lechugas, higos, rábanos, zanahorias y pepinos.

Acompaño a Aída al mercado. La primera estación es en un puesto de flores. Hay largas varas de gladiolos, narcisos, lilas y azucenas.

—¿Ves? —dice Aída—. No necesitas ser mi marido para venir al mercado. Pero lo que yo quiero es ser tu marido: llegar a casa con las manos llenas de ofrendas para ti.

Aída elige la carne con mucho cuidado. No me deja intervenir: no se fía de mi atención hacia los alimentos.

—Tú comes de cualquier manera —dice.

Dormiría a tu lado todas las noches. Me gustaría esperarte en la casa, y oír tus pasos en el umbral, escuchar el ruido de las llaves antes de abrir. Me gustaría esconderme detrás de la puerta, y sorprenderte, al entrar. Como me sorprendiste tú el día en que te pusiste el esmoquin. Hacías mucho ruido en la habitación y no me dejabas entrar. Por fin apareciste, muy blanca dentro del esmoquin negro. La camisa, debajo, tenía listas almidonadas, y tu ambigüedad resaltaba con el traje, a pesar de tu melena.

—Detesto el matrimonio —dice Aída. Yo, en cambio, quisiera ser tu marido.

—Tú también te cansarías —murmura, escéptica.

No puedo imaginar mi cansancio de ti, aunque puedo imaginar tu cansancio de mí.

XIV

El amor es derroche, es exceso. No se puede estar enamorado y al mismo tiempo preservarse, guardar algo, producir, lucrar, invertir, «enriquecerse». Yo me gasto, me derrocho, me excedo: no me canso ni siquiera cuando estoy cansado; el amor es antieconómico, inflacionario. Cualquier reflexión que venga de una economía que no sea la del gasto pertenece al sistema del desamor, no del amor. «Esta relación no te conviene», escucho decir a menudo, y el comentario me produce verdadero escándalo. Es porque me siento rico (es decir: porque puedo derrochar mi energía, mi atención, mi espíritu, mi sueño, mi ánimo, mi dolor, mi alegría), es porque estoy en el exceso que amo, no lo contrario. No quiero guardar nada para mí y, a la vez, esta disposición me aterroriza; doy lo que no tengo, por lo cual puedo decir que me despojo, como el Nazareno. «Esta relación no te conviene», pero ¿de qué conveniencias hablan?

119

Me vuelvo tolerante y complaciente con los amigos de Aída, que no serían mis amigos, que no lo serán. Me convierto, por ellos, en un simulador; escucho con atención sus triviales conversaciones, ceno con ellos y con Aída en restaurantes de buena reputación cuya comida jamás llegaré a apreciar (el enamorado es un hombre sin apetito, sin paladar), y oculto mi aburrimiento bajo una capa de amable cortesía y buena educación. Pero si engaño perfectamente a los demás (soy un sutil simulador), en cambio no consigo ocultar mi malestar ante mí mismo. Pienso que éste es el precio que pago por el rato en que conseguiré estar a solas con Aída, los amigos lejos, la habitación en silencio.

Pocas veces consigo participar realmente en la conversación (el enamorado sólo sabe hablar de su amor). Y si no intervengo demasiado, Aída se molesta: piensa que de alguna manera rechazo a sus amigos, que me muestro indiferente con ellos. No comprende hasta qué punto me resulta difícil concentrarme en los temas de conversación, aunque no sean muy complejos. Es más: la conversación de Aída y sus amigos me causa inquietud: oyéndolos, me doy cuenta de hasta qué punto estoy alejado del mundo, separado de los otros, diferente a los demás por mi amor a Aída, y diferente, también, de ella, que conversa con aparente naturalidad de cosas cotidianas, de películas, de libros, de sucesos políticos. Puedo decir, en cambio, que estoy completamente concentrado en mirar a Aída, en observar cada uno de sus gestos, en descubrir sus inflexiones y movimientos. Descubro, por ejemplo, bajo el puño de su blusa, la delicada pulsera de cuero y bronce que me recuerda una hoja de otoño. Soy especialmente sensible a un adorno lineal, de plata, que cuelga de la solapa de su chaqueta, y aunque no me inclino para verlas, *siento* sus sandalias en el suelo, las sandalias color ocre con guarniciones verdes que amo tanto. Hay una risa de Aída, brusca y casi enfática, que suena demasiado en mis oídos (hago un gesto involuntario de rechazo: como si Aída hubiera tocado una nota falsa en el piano); en cambio, su mano delicada, al alcanzar la copa de vino, tiene la calidad aérea de un paso de ballet.

XV

De Aída conozco cada prenda de ropa, cada inflexión de voz.

—Prefiero que vistas de negro —le digo, y Aída compra, en días sucesivos, faldas negras, jerseys oscuros, zapatos negros.

—¿De pequeño te enamoraste de una monja? —me interroga, mordaz.

No, Aída: es a ti a quien quiero ver vestida de negro, es tu piel blanca, lisa, la que deseo mirar bajo la lana oscura, bajo la seda negra, bajo el encaje del sujetador. (Por la calle, un terrible sobresalto: un anuncio en una vitrina muestra a una modelo cubierta por una malla negra, de nailon, y me asombro de que no sea Aída. Entro en la tienda, en seguida, y compro la malla: mi regalo para Aída. «Tendrías que hacértelo ver por un médico», dice Aída, burlona, probándose la malla ante el espejo. Se ha desnudado rápidamente —he sentido un estremecimiento de dolor: de modo que Aída puede desnudarse impunemente, ante el espejo, sin ceremonias, puede quitarse la ropa y ponerse otra, estando yo delante, sin que ese desnudo me esté especialmente dirigido, sin que la opulencia de sus senos blancos chorree hacia mi boca hambrienta, sin que la majestuosidad de sus piernas reclame mis caricias de oficiante—, y se ha puesto la malla negra que la ciñe, la tornea, cubre su cuerpo de los pies al busto como yo quisiera ceñirla a ella, tornearla, cubrirla. La malla negra me representa, me simboliza, ejecuta por mí lo que yo no puedo hacer: no puedo, aunque quiero, ser nada más que un tejido de nailon bordado, delgado como un hilo, pegado a su piel. Pero no es otro mi deseo: quisiera ser la malla, quisiera ser la tela sobre su cuerpo, no tener más vida ni más consistencia que ésa. Si fuera la malla negra, podría estar todo el tiempo sobre su piel, ciñéndola, de los pies al escote. Amo su escote, y la palabra escote. Su escote es un balcón donde me asomo, asombrado, mirando hacia abajo. Me sumerjo en el precipicio. Aída toma mi cabeza entre sus manos, y me coloca en la única llanura, entre ambos senos. Allí, sumido, respiro con dificultad. Aspiro el violento olor a hach de su piel. Observo los poros blancos y abiertos, entre los hilos negros de la malla. El seno izquierdo me golpea la cabeza, luego el derecho. Me mecen, me conmueven, me turban. Mecido, golpeado, soy una barca en medio del océano.)

124

—Cúbreme —dice Aída, honda, solemne.

Y yo, estremecido y demorado por la emoción, la cubro lentamente. Llego, desde sus pies pequeños (¿cómo una mujer tan alta tiene unos pies tan pequeños?), y me deslizo sobre ella. Soy la capa de hielo que cubre, desplazándose, los mares. Soy la lava ardiente deslizándose sobre la tierra. Ella está abajo, yo estoy arriba. Sin embargo, no experimento ninguna sensación de poder. La cubro con mi cuerpo, como una capa de magma sobre la piedra. Respondo a su pedido, a su breve reclamo, por tanto, no hay ningún poder. Ella se reconcentra sobre sí misma. Cierra los ojos, frunce la frente. Sus cejas se juntan. Yo hago un esfuerzo y descargo mi peso sobre ella. Mi sexo, grande, busca ubicación en su sexo, pequeño. La penetro y se sacude. Cruje la cama. La cubro, como la marea. Mi aliento calienta su cuello. Su aliento calienta mi frente. Gime. Gimo. Grita. Grito. Jadea. Jadeo. Aúlla. Aúllo. Fricciona. Fricciono. Los pelos de su axila se hunden en mi boca. Farfullo. Farfulla. Bramo. Brama. Goteo. Gotea. Borboteo. Borbotea. Ahora, nuestros movimientos son conjuntos. Tiro hacia adelante, y ella va conmigo. Aflojo, y afloja. Entro y salgo, como de una alquería. «Vamos», dice, y entonces, en un esfuerzo perfectamente sincronizado, los dos nos juntamos, los dos chorreamos, los dos gritamos, los dos somos uno, imbricados, enlazados, ebrios, locos, encajados, como la llave a la perfecta cerradura.

—La primera vez que escuché la frase «hacer el amor» —recuerda Aída, semidesnuda, fumando un cigarrillo, en la esquina de la cama, en ángulo con la pared coral— tuve un estremecimiento. Era casi una niña, y pensé que la frase era inconveniente: amar no se hacía, se sentía. La expresión me resultó larga y deliberada: como construir una casa, por ejemplo, o levantar una pared. Había una intención detrás, un proyecto, como si la voluntad pudiera regir ese acto. Todas las palabras que aprendí después me resultaron igualmente inapropiadas. Algunas, como follar, o joder, me parecían de una vulgaridad insoportable: como si fueran escatológicas, referidas a una función corporal desagradable. Se supone que se folla o se jode en la oscuridad, como se hacen las cosas feas de la vida. En secreto, y con vergüenza. A la larga, «hacer el amor» se fue revalorizando. Ahora estoy de acuerdo: tú y yo hacemos el amor como se levanta un edificio, como se eleva una casa, como se iza una vela. Es una tarea de dos, compartida, un trabajo delicado, cuyo premio está al final, en la hermosa consecución de la obra.

(Nos amamos a cuatro manos, como una pareja que tocara el piano, Aída, pienso. Nos amamos como dos gemelos, como dos siameses inseparablemente unidos por un costado, por un flanco.)

cubrir: llenar la superficie de una cosa. No cubro a Aída como los machos a las hembras, entre los animales, sino como las nubes al cielo: lento deslizamiento sobre su cuerpo, para taparla, para que ahuyente la intemperie de ser una mujer sola.

yacer: yazgo con Aída, los dos juntos, de cara al techo, como dos hermanos incestuosos, como dos hermanos bíblicos.

hacer el amor: antes de irnos a la cama, Aída y yo hacemos acopio de provisiones. Como Noé y su mujer, al entrar en el arca. Cigarrillos rubios, dos cajas. Encendedor a gas. Botella de agua. Una pequeña bola de hach. Papel de fumar. Un diccionario. (Aída, para contestar a tus preguntas de niña que descubre el lenguaje.) El teléfono, mudo bajo una almohada. Entonces, nos quitamos la ropa con alegría, como dos niños que por fin están solos en la gran casa abandonada.

De noche, sin Aída, quiero perder. (Pero también quiero perder cuando estoy con Aída.)

Me meto en un pequeño casino privado, juego de manera sonámbula, al cuatro, mes en que nos conocimos, al tres, los años que la amo, el treinta y cinco, la edad de Aída, y ninguno sale. Otra vuelta de ruleta. Ahora me entretengo en sumar: cuatro (el mes en que nos conocimos) más tres (los años que la amo) son siete, número cabalístico, pero sale el veintiocho.

—Nunca gano nada —dice Aída.

—Si no juegas —le digo yo.

—Igual, no gano —sostiene Aída, incapaz de dar el brazo a torcer.

—No se juega para ganar —digo.

—¿Para qué se juega, entonces? — pregunta.

—Para perder —contesto.

—Me parece una tontería.

—Seguramente —afirmo.

Aída no sabe nada de mi vida nocturna y

clandestina de jugador. No le digo nada de eso. No le importaría.

—Es tu dinero —diría.

No, Aída: el dinero no es de nadie. Por eso puede perderse y ganarse: porque, en realidad, no tiene dueño. El dinero es tránsito, desposesión, abulia. Más allá del que necesitamos para comer y para estar abrigados, el dinero es hastío.

—Siempre compras las mismas cosas —dice Aída.

Dos pares de zapatos idénticos, dos camisas iguales, pantalones repetidos. Siempre compro las mismas cosas, quizás, para no tener que elegir.

De noche, en el casino, juego de manera maníaca y obsesa: veinte números sobre treinta y siete, a la velocidad fascinante de la rueda, de la bola de platino que gira, saltando sobre las pequeñas casillas blancas y negras. A veces, con las fichas oscuras en la mano, ni siquiera sé bien a qué números he apostado. Se trata, tan sólo, de apurar el tiempo que me separa del próximo día, en el cual, posiblemente, volveré a ver a Aída, escucharé sus quejas acerca de la salud del niño, los precios del mercado y la ineptitud de la doméstica. Sus quejas me mecen, como la nana de un niño. Aída tiene un trato con la realidad tan despojado y estricto que me admira. Copia recetas de comida (probaré el plato con esa indiferencia que te irrita), cambia las sábanas, manda los vestidos a la tintorería, anota los gastos en una libreta. En cambio, a mí la realidad se me escapa como un pez en el agua. Abro los dedos, y huye por los intersticios, se volatiliza, fugitiva y frágil.

—No tienes tiempo ni espacio —me dice Aída, crítica. (Mi tiempo se llama Aída, mi espacio se llama Aída.)

Cuando abandono su casa, me dirijo, automáticamente, al viejo casino que se eleva en el parque, entre los árboles. Es un edificio viejo y carcomido, lleno de lámparas antiguas, cortinas raídas y muebles con manchas de nicotina y de whisky. Hay otro, más moderno, al borde de la playa, pero queda lejos y, por lo demás, no me seduce. Prefiero éste, con su aire de siglo pasado y sus jugadores empedernidos, que huyen de la soledad y del silencio para sumergirse en los verdes tapetes como si se tratara del fondo del mar. Allí, en el fondo, están encallados los sueños de cada uno, con la forma ancha del cinco rojo, o la cómica pareja del veintidós, negro. Acierto, por casualidad, un pleno al trece, recojo las fichas y de inmediato hago una apuesta muy grande a los números que lo rodean: me incomoda ganar, me hace pensar. Perder no me exige pensar. En cambio, ganar rompe la fascinación hechizada de la pérdida, en la que uno sólo debe distribuir fichas por el tapete sin control, mientras la imaginación y el ensueño están en otra parte.

Una anciana, que me observa, dice de pronto:

—Joven, ¿quiere colocar estas fichas por mí? No alcanzo el tapete.

Yo, gentilmente, distribuyo sus fichas como me ha dicho. La miro y experimento una súbita ternura por ella.

Tiene el pelo cano, con algunas hebras grises, y está vestida con un sencillo traje blanco, de tela muy fina. Debajo lleva una gruesa enagua. Se ha pintado como una mujer que ve poco: algunos lamparones de pintura, mal ubicados, le confieren a su cara el aspecto de una muñeca de loza. De pronto, pienso en mi madre. Hace mucho tiempo que no la recuerdo. El amor por Aída ha borrado, en mí, cualquier otro afecto. La pasión es egoísta: nos borra del mundo, y con nuestra propia imagen desaparecen los sentimientos que teníamos hacia otras personas. Mi madre surge entre las tinieblas oscuras de mi amor por Aída como una figura desvaída, rescatada del exilio, del naufragio, por una memoria inhábil. Pero la ternura es tan viva que la vuelco, inconscientemente, sobre la anciana que manipula fichas a mi lado.

Como correspondiendo a esa ola exagerada de cariño que me envuelve (y este cariño no se lo robo a Aída: lo encuentro en mí, dormido, echado, como un animal de invierno), la anciana me invita:

—Joven, juegue al veintiséis, si quiere ganar —me dice, gentilmente.

Apuesto al catorce, al veinte, al diecisiete y al veintiséis. Mi ficha y las dos suyas están próximas. La bola gira, rueda, salta sobre un número, luego sobre otro, parece a punto de detenerse sobre el cero, pero da otro brinco y se posa suavemente sobre el veintiséis. La anciana suelta una risita alegre y contagiosa. De pronto me doy cuenta de que hace mucho tiempo que no oigo reír a nadie. La pasión es solemne, trágica, elegíaca: he perdido mi sentido del humor, desde que amo a Aída, y ella, por su lado, es una mujer triste, una mujer que no ríe casi nunca, y cuando lo hace es con una risa fuerte, estentórea, que me produce desconfianza: si debe demostrar tan claramente que está contenta, debe ser que no lo está. Ya no río casi nunca, y Aída no ríe mucho más. Somos dos enamorados tristes, demasiado conscientes de nuestro vínculo, demasiado asustados de la locura y de la muerte. Esta súbita lucidez sobre nuestro estado me intranquiliza. Aunque la anciana recoge sus fichas y el empleado me entrega las mías, me siento asaltado por un temor profundo: alguien debe salvar a Aída. Salvarla de sí misma, salvarla de mí. Pero ¿quién podrá hacerlo?

—Si has perdido el sentido del humor —dirá Raúl, mañana, cuando hable con él—, debes empezar a preocuparte seriamente por tu salud mental. Cuando hemos perdido la capacidad de reírnos de nosotros mismos estamos al borde de una depresión profunda.

—Joven, ahora apueste al ocho y al quince —me recomienda la anciana. No tengo tiempo de pensar en la rara generosidad de la anciana (nunca he visto verdaderos jugadores de ruleta que se recomienden números; el jugador es un hombre o es una mujer siempre solitarios que afrontan su desafío al azar con la conciencia absoluta de su singularidad: la buena o la mala suerte es un asunto completamente privado, que debe decidirse, descubrirse en absoluta soledad, sin intervención ni sugerencias de nadie): de pronto, me dejan de interesar los números, y tengo una rara sensación de miedo: alguien debe salvar a Aída. Si yo he perdido el sentido del humor, es que estoy enfermo, y alguien debe salvarla de mí mismo, de ella, de nosotros. ¿Por qué alguien no hace algo? Pero ¿quién podría hacerlo?

—¿No juega más? —me pregunta la anciana, asombrada.

Le digo que no. Recojo mis fichas, una se

me cae y me inclino para buscarla. Entonces, cuando estoy en el suelo, descubro los blancos tobillos de la anciana, y se me ocurre ladrar, como un pequeño caniche. Es completamente indecoroso reírse en un casino, pero la anciana, que ha escuchado el simulado ladrido, lanza una suave carcajada. Es una risa mucho más espontánea y natural que la de Aída: una verdadera risa, lanzada al aire con cierto regocijo y satisfacción. Me pongo de pie y yo también sonrío.

—Usted es muy gracioso —me dice la anciana, con una pequeña reconvención. Una ola de cariño y gratitud me invade. La invito a beber un whisky, en la barra del casino.

—No debería —dice, con coquetería—. El corazón, ¿sabe? Pero tampoco debería jugar. Ahora bien, yo digo: si no puedo beber un whisky, ni jugar un poco a la ruleta, ¿qué sentido tiene conservar el corazón en buen estado?

—Todas las cosas que dan placer engordan, son caras o inmorales —le digo, sonriendo.

—Lo que es peor —agrega la anciana—: crean adicción. ¿Sabe usted que en los Estados Unidos hay un tratamiento psiquiátrico para deshabituarse de las tragaperras?

La idea me parece reveladora: tendría que someterme a un tratamiento para deshabituarme de Aída. El amor es droga dura. El *mono* de Aída me induce a otros hábitos, a otras adicciones: cuando no estoy con ella, juego, o fumo, o bebo exageradamente.

Si he podido hacer reír a la anciana es que no estoy tan enfermo. Entonces, es posible que un día consiga hacer sonreír a Aída. Si Aída sonriera, ya no estaría en peligro. No necesitaría salvarse de ella, de mí, de nosotros.

—Extraño mucho a una mujer —le digo a la anciana, espontáneamente. Cuando no estoy con Aída, sólo puedo pensar en ella o hablar de ella. Me he vuelto un charlatán incontinente, con los extraños: en cualquier momento estoy dispuesto a hablar de mi amor.

—Dichoso de usted —me contesta la anciana—. Habrá un día en que ya no la extrañará, y el mundo le parecerá tan inhabitable como ahora, pero por otros motivos. Es muy bueno creer que se sabe lo que se extraña. Yo nunca me enamoré de nadie, debo confesarle (me parece que soy una mujer pragmática), y sin embargo, siempre he padecido de nostalgia. Una vaga, imprecisa nostalgia. La vengo a volcar en el juego: es un buen sedante, luego me duermo como una niña de pecho. Prefiero que en mi cabeza giren los números rojos, los números negros, a que giren rostros que no conozco.

Sin embargo, no quiero hablar de Aída. Bebo el whisky con prisa y pido otro: en el

fondo del vaso, dibujado, veo el rostro de
Aída, y de pronto, me siento otra vez triste.

—El mundo está lleno de locos que desean
enamorarse aunque sea una vez en la vida, y
lleno de locos que desean desenamorarse. Yo
sólo deseo que salga el cuatro. He apostado
cinco plenos.

Salgo, confuso, del casino, y con sensacio-
nes encontradas. En mi cabeza, la imagen de la
anciana jugadora y la de mi madre están mezcladas. Busco una cabina para llamar a mi
madre. Por otro lado, me siento culpable por
jugar. En los últimos tiempos he perdido mucho dinero. ¿Por qué no he empleado este dinero en ayudar a Aída? Podría haberle comprado libros, medias, zapatos, un abrigo. Sin
embargo, siempre hemos sido incuestionable-
mente elegantes con el dinero: el mío, el suyo.
Sólo algunos regalos, a veces, por placer, pero
las cuentas, separadas. ¿Es la manera que tiene de decirme que no quiere que me mezcle
demasiado en su vida? ¿Es la manera que tiene de mantenerme apartado de las que considera sus cosas?

—El dinero es símbolo —dice Raúl—
Siempre es otra cosa.

Podría haberlo empleado, también, en mí mismo: comprarme un traje, un par de camisas, un jersey, un impermeable. Pero al jugar, ¿no lo he gastado en mí mismo? He comprado, seguramente, ratos de desplazamiento de la ansiedad, ratos de suspensión, cuando no estoy con Aída.

«Cuando estás con ella, ¿sientes la necesidad de jugar?, me preguntará, mañana, Raúl.

»Sí —le diré—, pero sólo cuando estoy bajo los efectos de una gran tensión, o cuando hemos estado varios días juntos.»

Disco el número de Aída. Somnolienta, contesta con voz empañada por el sueño.

—¿Qué hora es? —me pregunta.

—Las dos —respondo.

—¿Qué haces a esta hora? —dice, legañosa.

—Tengo ganas de hablar con mi madre —digo.

—Y entonces, ¿por qué no la llamas? —aconseja.

No, Aída: de veras, tengo ganas de hablar contigo.

138

XVI

Raúl tiene un paciente que colecciona zapatos de mujer. Sólo de charol negro y que correspondan al pie izquierdo. Pero no los compra ni en la tienda ni en el mercado: persigue a las mujeres por la calle (preferiblemente de noche: el charol brilla más), y cuando las alcanza, las despoja del zapato izquierdo. Yo, en cambio, amo las sandalias de Aída.

—No puedo andar todo el tiempo con sandalias —dice Aída, que conoce mi afición.

—Deben de sentir mucho miedo esas mujeres perseguidas —le digo a Raúl.

—Guarda los zapatos en el armario, bajo llave —dice Raúl—, y no los enseña a nadie. Los coloca en fila, uno a uno, todos del pie izquierdo, todos de charol.

La noche es oscura. Por la calle, nadie. Una mujer aparece en la esquina, alta y delgada. Lleva un bolso de cuero colgado del hombro y una ligera chaqueta de hilo azul. Camina con prisa, levemente inclinada hacia el lado del bolso. La calle está mal iluminada, las fachadas se hunden en la oscuridad como bar-

139

cos anclados. Ni un marinero a bordo. Todo está en silencio, mar, noche y calle. De pronto, escucha pasos detrás suyo. Unos pasos veloces y decididos, apresurados. No puede evitar un estremecimiento de miedo. Por un instante, le parece que la calle, los negros edificios y los círculos de luz amarilla bajo las farolas son un escenario macabro visto en alguna película de terror. En un momento, de rara intensidad, alerta, compone en su mente, con notable precisión, los elementos de la escena: enfrente, las calles oscuras, vacías. Del lado de las esquinas que se abren como gargantas negras, más calles inhóspitas, hostiles. Por encima, la galería de antenas, como cruces sacrificiales. Autos vacíos, ortópteros dormidos, alineados a lo largo de la acera. Los pasos, detrás de ella, se escuchan ahora más quedamente, como si quien camina ahogara su ansiedad entre almohadones. Piensa que debe alejar el miedo, dominar la situación, ahuyentar los fantasmas de viejas películas y recortes de los diarios. Calcula, rápidamente, que hasta el portal de su casa hay doscientos metros, y abre el bolso, con ostensible sonoridad, para sacar las llaves. Los pasos, detrás de ella, prosiguen con ritmo acelerado, ahora creciente, como si no hubiera ningún motivo para ocultarlos. Con las llaves en la mano se siente más segura. Sin embargo, desea intensamente cualquier clase de salvación: un auto con una pareja dentro, un transeúnte que aparezca de manera imprevista por la calle vacía, un portal que se abra y la reciba. Pero nada de eso ocurre, y continúa caminando, cada vez más aceleradamente, con la rara sensación de que se dirige hacia su inmolación.

Escucha los pasos detrás, y siente su corazón latir como una víscera hinchada, inflamada por el miedo. Pero el auto no aparece, y cuando llega al último árbol de la calle un violento empellón la empuja contra la pared. Recibe un golpe en el labio y cierra los ojos. No se le ocurre gritar: abre los brazos, en cruz, y el bolso cae al suelo. No ve la cara de su asaltante, pero advierte su precipitado jadeo. Está contra el ara, con los brazos abiertos, como una víctima ritual. En ese momento oye que su perseguidor murmura, entrecortadamente:

—Deme su zapato.

El asombro suspende por un instante el miedo: el hombre tiene la mirada fija en el suelo, a la altura de sus zapatos, y ella ha bajado los brazos, suspendiendo el ritual.

—Sólo quiero su zapato izquierdo —dice el hombre, ahora súbitamente sumiso. Desprecia el bolso, los aretes, la pulsera, desprecia, los senos, las caderas como ánforas, las piernas bien torneadas. Ella lo mira hipnotizada.

141

—Su zapato —repite el hombre—, el izquierdo.

La punta de charol brilla en la noche como una luna menguante. Ella se descalza, obediente, y le entrega el zapato como una limosna a un pordiosero, en el portal de la iglesia.

—Gracias —dice el hombre, volviéndose de espaldas.

Despeinada, con la ropa suelta, la mujer queda en la calle, contra el muro, renga por el zapato robado. Mira sus medias, y descubre que, con el forcejeo, una carrera larga y fina se ha abierto en su pierna izquierda.

Compro sandalias para Aída en un mercado de modestos artesanos. Son sandalias hechas a mano, me dice el joven barbudo que me las vende, y tienen un aspecto rústico que enseguida me excita: imagino el delicado pie de Aída, blanco y pequeño, para su estatura, calzando lentamente la rústica sandalia con hilos de cuero que deberá anudar en la suave contorsión del tobillo. Contemplo las sandalias, imagino a Aída en el momento de encajar suavemente los dedos en el estuche de cuero, como yo encajo mi sexo en el suyo. Soliviantado por la imagen, compro tres pares diferentes: hay unas color mate, con delicados apliques de metal, otras verdes, color hierba, con las cuales Aída parecerá una diosa de los bosques, una ninfa otoñal.

—¿Por qué zapatos del pie izquierdo? —pregunta Aída, cuando le cuento la anécdota de Raúl.

XVIII

El blanco de Aída es lunar. Un antiguo pueblo mítico, encerrado en su piel, del cual no queda más que esta mujer blanca, infinitamente pálida, que fuma hach y bebe Cointreau en vasos de vidrio laminado.

—Mi madre siempre pensaba que estaba enferma —dice Aída—, por la palidez, y me mandaba a tomar el sol, pero yo me escapaba, y en lugar de ir a la playa iba al invernadero. Allí, entre las plantas que resisten la humedad, aprendí los nombres de árboles raros, de vegetales venenosos, de turbias resinas y enredaderas sinuosas.

Hipnotizado, miro la piel blanca de Aída y lentamente mis miembros pierden su actividad. Echado en la cama, a tu costado, mis ojos se hunden en las esferas de tus senos y caen en un lago interior, lunar, donde resbalan, acunados, mecidos, fascinados por el sopor. A tu lado, soy un hombre muy quieto, un viajero del espacio que sin querer ha perdido la gravedad, el sentido del tiempo, los usos y las costumbres. Navego en una zona sin nombre todavía, en un paisaje desconocido, pero que me subyuga y me somete.

—Si quieres —dice Aída, de pronto solícita—, este verano dejaré que el sol me ponga morena.

No, Aída, yo no quiero verte morena. No quiero cambiar la fascinación de tu blanco lácteo por otro color. Soy el niño prendido a la madre que sueña con un paraíso donde nada cambia, nunca: no cambia este instante en que echado junto a ti, inmerso en el interior de tu piel muy blanca, hechizado por tu cuerpo, soy el espejo que te refleja, soy una lámina de azogue sin tacha, soy tu marido, tu padre, tu hijo, tu amante, soy tu admirador, tu contemplador, tu feto, tu entraña, tu masturbación, soy tu menstruo sangrante, tu dolor de parir, tu placer de estremecerte, tu goce, tu angustia y tu imagen. Melibeo soy.

—Algo me agota —dice Aída, súbitamente cansada.

Te agotas de ti misma. Tú eres tu principal trabajo. Inmersa en ti como en un pozo del cual no puedes salir, las paredes uterinas del pozo te reflejan, te refleja el fondo, te refleja la luz que asoma a la superficie.

—Mirarse tanto —le digo a Aída como respuesta— debe ser una fatiga.

—Pero también dejo que tú me mires

146

—dice Aída, sin saber que mi mirada es también la suya.

—Las mujeres narcisistas son aquellas a quienes consentimos en amarlas como ellas lo hacen a sí mismas —dice Raúl—: gran sueño masturbatorio. No nos aman, se aman a sí mismas a través de nosotros. Somos su estuche de lujo, su espejo laminado, su propia fascinación. No soportan la diferencia, el otro que no es ellas mismas, y accedemos, en el juego, a devolverles la imagen que desean ver.

—Pero yo estoy enamorado de esa imagen —le digo.

—Ella se muestra, y tú la miras, pero al mirarla, ella se mira en ti —dice Raúl.

A veces, Aída está fatigada de sí misma.

—Si admitieras al otro —le digo—, quizá te cansarías menos —aconsejo.

Sólo su hijo no la cansa, el pequeño renacuajo idéntico a ella misma.

—Jamás accederé a ser el sueño de otro —proclama Aída, independiente.

De modo que, para amarte, sólo puedo ser tu propio sueño. Melibeo soy.

—No quise ser el sueño de mi padre —dice Aída, esquiva.

—¿Cuál era el sueño de tu padre? —pregunto.

—Él quería una hija dócil y tranquila, arquitecta, en lo posible, buena esposa, amante de su hogar y dominada por su marido.

Aída no fue arquitecta, no fue dócil, no fue tranquila, no se dejó dominar por el marido.

—No quise ser el sueño de mi primer amante —agrega Aída.

—¿Qué quería tu primer amante?

—Un matrimonio feliz con muchos hijos, excursiones a la montaña y pesca submarina. Yo tenía quince años. Creo que me amaba. Pero yo entonces no quería tener hijos, no quería excursiones al campo o a la montaña, no quería pesca submarina. Ni siquiera accedí a que me enseñara a nadar.

De modo, Aída, que mi secreto debe ser no confesarte jamás cuál es mi sueño. Si me atreviera a contártelo, si cometiera el error de pronunciarlo, te desvincularías de él como de la ley, como si mi sueño de ti fuera un traje que no te sienta, un vestido obligado, una camisa de fuerza.

—No quise ser, tampoco, el sueño de Víctor.

—¿Qué quería Víctor? —le pregunto, mansamente.

—Víctor quería que yo fuera actriz. Decía que tenía muchas condiciones para el teatro. Me regalaba vestidos extravagantes, guantes largos, sombreros con adornos. En la intimidad, me pedía que recitara textos clásicos. No acepté. Para contrariarlo, usaba trajes de chaqueta, zapatos ingleses, no me ponía sandalias y fumaba mucho, para que mi voz se estropeara.

Aída no realizó el sueño de Víctor. Tampoco el de su marido.

—Hugo no tenía demasiadas pretensiones. En realidad, era un hombre bastante tranquilo, pero me fastidiaba su silencio. Hugo sólo habla cuando está borracho. Le hubiera gustado que yo fuera una esposa perfecta: casta, buena cocinera, solícita con las amistades, con su familia. No hice nada de eso. Tuve varios amantes, había noches en que no volvía a dormir a casa, me afilié a un partido político clandestino. Discutíamos mucho. Al final, lo dejé. Nunca quise ser el sueño de ningún hombre: yo soy mi propio sueño —dice Aída, levemente irritada.

Por lo tanto, para que me ames, no he de tener ningún sueño. Sólo he de amarte como eres, lisa e imberbe como un cetáceo, blanca, lunar, caprichosa, egoísta, dueña de ti misma, orgullosa, altiva, exigente, débil, vulnerable, colérica, tendenciosa, fanática, irritable, enamorada de ti misma. Para que me ames, no he de tener ningún sueño, he de ser un hombre espejo, un hombre que te ama porque puedes mirarte en él y la imagen te complace. Melibeo soy.

—¿Cuál era el sueño del fotógrafo? —le pregunto.

—¡Ah! —recuerda ella—, a él le gustaba lucirme en público. Estaba muy satisfecho de que yo fuera su amante, creía que provocaba la envidia y los celos de los demás hombres y de algunas mujeres. Salíamos mucho. Íbamos al teatro, a conciertos, a reuniones. Le gustaba pasarme el brazo por los hombros, la mano por la cintura, demostrar que yo era suya. Daba fiestas. Él se ocupaba de todo: yo sólo debía posar. Pero, luego, se ponía celoso. Yo le decía que ésa era su contradicción: querer lucirme y, luego, ponerse celoso. Sin embargo, yo le fui fiel. Sólo cuando te conocí a ti dejé de serlo.

No conserva fotos tomadas por su ex-amante.

—Le gustaba fotografiarme —dice Aída—, pero yo no quería. En realidad, las fotos me fastidian.

Si yo hubiera sido el fotógrafo, te hubiera hecho cientos de fotos. Aída desnuda, al levantarse, con sus largas piernas muy blancas y los glúteos aplanados, casi sin forma. Aída con su chaqueta plateada y brillante. Aída fumando un cigarrillo, con el codo apoyado en la esquina de la mesa y los ojos bajos. Aída sorprendida mientras se calza una sandalia. Aída torneando la pierna, para ponerse la me-

150

dia de seda negra con dibujos acanalados. Aída
en el instante de cerrar los pesados párpados,
Aída de pie, como una estatua romana, mirando hacia afuera.

—No necesita fotos —dice Raúl—. Quizás le alcanza con tu mirada.

Melibeo soy.

XIX

—La historia más fascinante que recuerdo —dice Raúl— es la de la mujer hindú y el médico inglés.

Aída está envuelta en la sábana que ciñe su cuerpo apretadamente, como un vestido ajustado. Es una sábana blanca, con listas rayadas de suave color melón. Como si fuera una momia, como si fuera una reliquia de una civilización asiática. Amo la sábana que la rodea como una túnica, el roce del hilo con la epidermis.

—Era una joven hindú de una familia de gran poder —cuenta Raúl—. Enfermó muy gravemente, y los médicos nativos no podían curarla. Entonces el padre, que la amaba tiernamente, mandó llamar a un médico inglés, con la condición de que no viera a su paciente, cubierto el rostro por un velo y el cuerpo por una túnica ajustada. Era una gran túnica blanca, como un sudario. La envolvía por completo. El médico, dispuesto a auscultarla, con el bisturí realizó una pequeña perforación en

153

la sábana, a la altura del ombligo. Por el agujero así abierto, la adivinó. Vio el vientre liso, color aceituna, los muslos largos y firmes, sin un vello, el nacimiento de la cintura, y se enamoró.

Soy, pues, tu médico. (Siendo, al mismo tiempo, tu enfermedad.) Me inclino sobre ti y comienzo a acariciar tu cuerpo. Te acaricio lentamente, por encima de la sábana listada. Tú no te mueves: como una enorme estatua romana, yaces en el lecho blanco, mientras yo te toco. La textura de la sábana es levemente áspera, pero me permite recorrer mejor las líneas de tu cuerpo. Avanzo por tu flanco izquierdo, anclo en tus caderas, palpo los huesos, bajo la tela, palpo tu vientre, el nacimiento oscuro de tu sexo, entre las ingles. Luego, paso al lado derecho y, simétricamente, voy escalando los contornos. Tú no te mueves, estás varada como una nave en la arena de un mar profundo. Súbitamente me echo sobre ti, te cubro con mi cuerpo aún vestido y mi ropa roza la sábana. Me acomodo encima de ti, busco mi lugar, cojo tus cabellos entre mis manos y te beso en la boca. Mis labios te prensan, amasan los tuyos. Dejo chorrear mi saliva en tus comisuras, y cuando se ha formado una pequeña isla blanca, con los dedos la esparzo por tu rostro, por tus mejillas, por tus cejas y tus párpados. Hundo mi índice en el

154

hueco de tu nariz y escarbo. Luego lo quito, y hago la misma incursión en el otro orificio. Tus narinas se alzan como las alas de una mariposa. Vuelvo a besarte, y hundo mi lengua en tu boca. Choco con tus dientes, y lentamente, uno a uno, de arriba abajo, de abajo arriba, los recorro. Tu saliva no tiene sabor, es tan limpia e inodora como tu cuerpo. Por encima de la sábana, sujeto los anchos huesos de tu pelvis. Con mis dientes, desgarro la sábana a la altura de tu ombligo. La tela, rota, deja asomar algunos vellos. Los chupo. Por el agujero de la sábana penetro, buscando tu fondo. Separo tus muslos, que se abren como una bóveda. Grito y me hundo en tu cavidad, mientras tu pierna derecha se sacude como tocada por la electricidad. He entrado apenas lo suficiente para sentir la humedad de las paredes de tu sexo.

—Ábrete —grito, y entonces, del fondo de tu útero se escapa un ruido sordo, el de las paredes abriéndose, despegándose, haciendo el vacío. En el fondo de tu vientre se ha producido el vacío, un estertor que pide se llenado, que pide ser cubierto. Plop, ha sonado tu matriz. Anhelo lamer tu endometrio. Anhelo tu sangre menstrual, brillante y roja. Dentro de ti resbalo como por una pista encerada. El extremo de mi miembro toca la cabeza de tu útero.

—¡Vamos! —te digo, jadeante.

—¡Vamos! —me dices, y la consigna se cumple al unísono. Al unísono gritamos, al unísono nos sacudimos, al unísono resoplamos, mucosa contra mucosa.

Guardo, de Aída, un vello del pubis, un vello de las axilas y un cabello. El vello del pubis es oscuro, largo, acaracolado. En el extremo del nacimiento tiene un punto algo más espeso, que indica la raíz. Es un vello suave, aunque grueso, y me gusta llevármelo a la boca, sostenerlo entre los dientes, morderlo, masticarlo, tirar de él hacia afuera, manteniéndolo apretado entre los labios. A veces, en esa posición, hago música con él: lo tenso como la cuerda de un violín y lo raspo apenas con el borde de la uña, para que suene. Muerdo, mastico, saboreo el vello púbico de Aída como haría un perro que hubiera atrapado un pájaro y tuviera la boca llena de plumas.

—¿Qué comes? —pregunta Aída, lejana. «Te como a ti», debería contestar.

El vello de la axila es más rojizo, brilla con reflejos de bronce y de hierro. Largo, lacio, se tornea apenas sobre la página blanca del libro donde lo guardo. Me gusta abrir el libro y encontrar, con su leve ondulación, el vello de la

157

axila de Aída. Es un libro de poemas de Saint-John Perse. La página, blanca, porosa, es un nicho grande para el vello axilar de Aída. Lo huelo, buscando, en vano, rastros del olor corporal de Aída. Aída huele a madera y a hach, a mueble antiguo. Lo fijo con un dedo sobre la página blanca, y con un lápiz lo bordeo: dibujo un río sinuoso, largo, ondulado. Lamo las gotas de ese río, chupo de él.

El cabello de Aída es de color cobre antiguo, con reflejos dorados. Del nacimiento hasta su fin ondula un par de veces, torneándose como un caracol. Lo observo con una lupa y se agranda, hilo de Ariadna, cordón umbilical. Pienso que ese cabello sale del ombligo de Aída, como una cuerda, y se anuda a mi cuello, dando vueltas alrededor de mi nuca. De ese modo, Aída me arrastra, me lleva donde ella va. Me muevo con ella, giro con ella, me traslado con ella, reposo con ella. El cabello sale de su ombligo y se estira hasta mí, envolviéndome como un fulard. Es un cabello lleno de electricidad, y a veces se yergue, se mueve solo, con su propia energía. Más de una vez, al besarnos en la boca, nuestros cabellos, tensos de electricidad, han transmitido a nuestros labios una corriente que nos ha chocado. Los besos, así, han sido placenteros y peligrosos, como si mi cuerpo y el de Aída padecieran una atracción irresistible y mortal, fueran dos polos cargados de energía que al establecer el contacto descargaran su fuerza. El cabello cobrizo de Aída es un imán.

—Francisco de Miranda guardaba un vello púbico de cada una de sus amantes —le digo a Aída—. Era una colección bien interesante: la envió, en un cofre, de Europa a América, pero un funcionario poco sutil, como todos los funcionarios, quemó el cofre.

Pienso en la extraña memoria de Francisco de Miranda, capaz de clasificar, como si fueran hojas de un herbolario, la colección de vellos púbicos de sus amantes. Sabría, quizás, que el más oscuro pertenecía a Catalina de Rusia, que el más torneado era de una indígena a la que amó en noches de borrachera, que el más rubio era de una infanta. En cambio, yo sólo tengo memoria de los vellos de Aída, electrizados por el deseo, lánguidos después del baño, túrgidos cuando la humedad de la vulva los hace brillar, como filamentos de una bombilla.

La casa de Aída es una madriguera.

—Hace veinte años que vivo aquí —grita Aída, orgullosa de su única fidelidad. Y yo, que soy el transeúnte, el viajero, el visitante, el paria (puesto que mi sexo es una llave, no una casa), me pregunto, perplejo, cómo es posible habitar tanto tiempo el mismo lugar, si no es una víscera. Si no es una víscera, un órgano interno, largo como la vida; Aída habita su casa como si fuera su propio útero. No se separa de ella porque no se separa de su víscera vital. Atrae a sus amantes a su guarida, como hacen los animales seductores y activos.

Hace veinte años: entonces, Aída debía ser una adolescente orgullosa y soberbia, segura de sí, temida y deseada, áspera, dominante y, en el fondo, tímida, solitaria, temerosa, exasperada.

—La casa siempre es la misma —dice Aída, mientras coloca un ramo de lilas en el búcaro azul, mezcladas con unas belladonas, y el perfume, dulce y nocivo, tiene algo de Aída: droga dura que me inyecto en la sangre, droga blanda que me hace soñar.

Aída no sale de su casa más que para realizar las tareas imprescindibles: luego vuelve a ella, se encierra, se protege, se enrosca y se contempla a sí misma desde adentro, útero sobre útero. La casa de Aída la circunda, la contiene, la circunscribe, se alimenta de ella y la alimenta con las presas que atrapa afuera. Aída no acepta que el amor se desarrolle en otro territorio que no sea el suyo, su casa, es decir, su cueva, su útero, su madriguera. Enorme comadreja oculta en su cuarto, cuando sale es para atrapar una presa que arrastrará hasta su aposento y cultivará, aderezará, seducirá, combatirá y devorará ávidamente, rodeada de sus trofeos anteriores, de sus armas antiguas, de sus objetos favoritos, en tanto dure su deseo. Conducirá a la víctima hasta su lecho y la rodeará con su cuerpo, la mojará con su saliva, la alimentará con su pecho, la sorberá con su boca, la morderá con sus dientes, la troceará con sus uñas, la montará en sus grandes ancas, la palpará con sus manos, la aplastará con la fuerza de sus brazos. Allí, apartada del mundo, alejada de competidores y de rivales, la ávida comadreja disfrutará del placer de chupar, sangrar, lacerar, halagar, sorber, acorralar, mamar, morder, masticar.

La presa, aislada y seducida, irá perdiendo fuerza, hasta languidecer.

Cuando, cansada de lamer, de comer, de robar, de absorber, de devorar, Aída se harta de su presa, como una enorme comadreja saciada, se echa en el lecho, a dormir. La saciedad la malhumora y agría su carácter. Rumía antiguos agravios que junta en su cuarto, como trofeos malignos. De la bolsa marsupial saca un insulto que ha anidado en sus entrañas como un tumor. Entonces, su cuerpo se enrosca en torno al ombligo, pozo de amargura, y cultiva las flores perversas del rencor y del reproche. La comadreja, saciada, vomita los detritos de la actividad de sorber y devorar. Aída está harta de su presa, ahíta de su propio placer, y quiere deshacerse de los restos sangrientos de su cacería. Quiere limpiar su cuarto, eliminar deshechos, cambiar el orden de los muebles, borrar todas las huellas de su hartazgo. Quiere lavar las manchas de sangre, de semen, de flujos blancos, de bilis, de nicotina y de flores maceradas. Quiere olvidar su crimen, su tropelía, su devoración. Coloca las sobras de su presa en una bolsa, los huesecillos roídos, los hígados estrujados, las médulas chupadas, las clavículas desvencijadas, los riñones reducidos, y sin ningún miramiento abandona los despojos en el portal de su casa o en una esquina oscura. Cierra la puerta con triple llave y, exhausta, se encierra en su recámara, a descansar. Entonces, la enorme comadreja limpia las habitaciones. Primero, cambia los muebles. La nueva disposición de la cama, de los sillones, de las almohadas, de las mesas y de las lámparas le parece una purificación que la despojará de cualquier culpa. A veces, llega hasta a tirar una pared, o a erigir un tabique. Compra sofás nuevos, modifica la luz de su despacho, rompe fotografías, pinta las paredes. Enseguida, la enorme comadreja cambia de aspecto. Se tiñe el pelo, destruye las ropas anteriores, inicia una dieta purificadora. Durante un período, el animal seductor va a descansar. Debe reposar, recuperar el vigor, el apetito perdido.

En la madriguera, yo soy el oso atrapado, la presa fascinada, seducida, aletargada. (Como la mosca en los delicados hilos de la araña, como las alas de la abeja en el polen, como el koala en la bolsa marsupial.)

XXII

Reviso, muy a menudo, la escena de nuestro primer encuentro. Todo estaba escrito allí, como en una piedra antigua, y hube de descifrarlo en medio de la turbación y el miedo.

—El enamorado —dice Raúl— es un hombre miedoso. Teme por sí mismo, teme perder la integridad de su yo, teme el yugo al que está sometido. Desea dejar de amar y, al mismo tiempo, teme la falta del amor.

A veces, Aída, mi deseo de dejar de amarte es tan fuerte que libro verdaderas batallas contra mi necesidad de ti, contra mi deseo de perderme en la interioridad de tu cuerpo, contra mi tensión nerviosa que me empuja hacia ti con la fuerza de la electricidad. Entonces, si consigo por una noche vencer la tentación de dormir contigo, de despertar a tu lado, de mecerme sobre tu cuerpo como una barca sobre el mar, me creo un hombre libre, festejo mi independencia. Voy a un bar lleno de desconocidos y me emborracho, porque he conseguido, por una noche, no ansiar tus piernas, no añorar tus senos, no bramar ante tu cuerpo desnudo como un recién parido. Pero al rato de mi solitaria celebración, una oscura tristeza me domina. Algo me falta a mi costado, algo me falta en mi interior, algo he perdido con el alcohol. Soy un hombre libre que detesta su libertad, porque sólo la quiere para extraviarse, otra vez, en las honduras de tu cuerpo. Entonces regreso, a las tres de la mañana, solitario, a mi casa; no puedo despertarte a esas horas, y tu hijo duerme en la habitación a oscuras, mientras tú, poderosa, brutal, duermes en tu cama. Esa cama que añoro y deseo ahora, que un poco ebrio, y un mucho arrepentido de mis impulsos de libertad, vuelvo a mi casa desordenada, a mi casa de macho enamorado de una mujer ausente. Abro la puerta, reconozco el olor a tabaco de las paredes, el olor a encierro de las habitaciones llenas de libros y de papeles, por el ventanal veo la noche oscura y solitaria, tengo nostalgias de nuestros amaneceres en medio del vaho del amor y del vaho del hach, soy un hombre solo que ama sus cadenas.

La noche de nuestro primer encuentro me quemé dos veces al encender un cigarrillo y la quemadura me duró varios días. Tú llevabas una falda negra, larga, con una franja de dibujos griegos, anaranjados, y un solo pendiente, de forma triangular, en el lóbulo izquierdo.

Era la primera vez que yo amaba a una mujer de un pendiente solo. Desde entonces, siempre he querido que usaras el pendiente singular. Encendí un cigarrillo con torpeza (la belleza de tu rostro prerrafaelita me había puesto nervioso) y la cerilla estalló, como un petardo, quemándome la yema del dedo pulgar.

—Adoro los juegos de artificio —me dijiste. Pero yo fui el quemado.

Pensé en los fuegos artificiales de Venecia, las noches de Carnaval, los fuegos artificiales de Sitges, durante la Fiesta Mayor, y te imaginé, levemente borracha y obcecada por las luces, ebria por el ruido, vagando entre las luces azules y rojas, bajo la incandescencia del cielo sembrado de destellos, oliendo a pólvora (tu perfume favorito) y a azufre, como las brujas en las ceremonias paganas.

Te imaginé en medio de las fallas, protegida apenas por una manta contra el furor del fuego, celebrando la quema de los grandes monumentos de cartón, paseándote (desnuda bajo la manta) entre el chisporroteo de las llamas, entre el humo, el olor a incienso y el ruido de las moles de madera al derrumbarse.

—Me gustaría quemar el placer como un castillo de fuegos artificiales —confiesa Aída a la noche, excitada por el olor a pólvora de los fuegos de San Juan.

Todo está inscrito en ese primer encuentro, como en un libro sagrado. Mis dedos quemados por las cerillas, tu rostro de modelo prerrafaelita, mi amor por tus formas, tu deseo de seducción, tu anhelo de placer, el fuego y la pólvora retumbando en tu vientre de matrona pública y privada.

XXIII

Despierto, agobiado por una pesadilla. He soñado que Aída me había echado de su casa, de su útero, de su habitación, de su cuerpo, atacada por un acceso de cólera incontrolable. Las iras de Aída son fuertes como sus deseos. Poderosas, como el arranque de un toro herido que se abalanza contra el alambrado, arrastrando todo a su paso. Temo sus iras como deseo su cuerpo. Aída, airada, es una bacante ebria que inmola, en el altar de un dios sangriento, los objetos más amados. La pira se enciende con los tributos de Aída: mis corbatas, un cordón de mis zapatos, las sábanas sobre las cuales nos amamos, mis gemelos con la figura de un ancla dorada, el reloj de pulsera que a menudo dejo olvidado en la mesa de luz, al lado de la cama de Aída. Bacante furiosa, busca afanosamente por la casa todos los objetos que alguna vez nos pertenecieron y los echa a la pira, con pasión destructora, como el fuego. Su cinturón de lentejuelas, con el que yo solía rodear su cintura, atraerla ha-

cia mí en el acto del amor; la blusa de seda
azul pálido con dos agujeros a la altura de los
senos, para mirártelos mejor; el brazalete de
cuero que usabas en la cama, como única prenda; el sujetador negro, con broche delante,
que yo amaba abrir para que tus senos, des-
bordados, rompieran súbitamente, liberados,
al fin, de su prisión. El pañuelo de seda blanca con el que yo te tapaba los ojos, anudán-
dolo en la nuca, antes de comenzar, morosa-
mente, a amarte, para que en la oscuridad de
la tela contra los ojos las caricias fueran tu
única sensación, para que, despojada de la
vista, tuvieras que intuir la dirección de mis
dedos, tuvieras que adivinar hacia dónde se
dirigían, al tocarte.

—Se sueña con lo que se desea o con lo
que se teme —dice Raúl. He soñado, pues,
con lo que más temo.

Corro, ansioso, hacia la casa de Aída. Es
una mañana diáfana, creo observar, y el cielo
tiene luz celeste. No sé si es invierno o es otoño: desde que amo a Aída, soy insensible a las
estaciones. Un auto está a punto de atrope-
llarme, y veo, en ese pequeño accidente evita-
do, una señal de catástrofe próxima. Si me
salvé del auto, con seguridad no me salvaré de
otra forma de muerte. Recorro la distancia
que me separa de la casa de Aída impregnado
por un hondo sentimiento de peligro. Es posi-

ble que Aída se haya vuelto loca, que esté enferma, que el niño haya desaparecido, que ella ya no me ame. Cuando llego, exhausto, en la mañana diáfana, a la puerta de su casa, oprimo el timbre con decisión. Aída no responde. Me paseo, ante el portal, como un perro que espera al amo. Sin embargo, una de las ventanas está abierta. Vuelvo a oprimir el timbre. Aída no contesta.

Sobrecogido de temor, vuelvo a llamar. El silencio de la casa de Aída me parece una señal oscura, un signo trágico. Como si hubiera recibido un duro golpe en la cabeza, me siento desconcertado, perplejo, temeroso. Retrocedo y decido esperar, en la mesa de un café, que transcurra un poco de tiempo. Mientras bebo la infusión pienso que, en realidad, nada ha sucedido. Sencillamente, Aída debe estar muy ocupada, en este momento, como para abrirme la puerta. Mi visita es intempestiva. Aída no me espera esta mañana diáfana de otoño o de invierno (desde que estoy enamorado soy indiferente a las estaciones, al frío, al calor, a la lluvia, al sol, al hambre, al hastío, a la sed, a las enfermedades, a los virus, a la lectura de los periódicos, a los anuncios publicitarios, a la televisión, al cine, a las conversaciones de los demás), y seguramente está atareada con sus ocupaciones: preparar la comida del niño, lavar la ropa, sacudir el polvo de los muebles. Este pensamiento me tranquiliza y bebo una segunda taza de té, confiado en que cuando regrese a la casa de Aída y oprima el timbre, me recibirá —quizá no sonriente, porque está muy atareada— y mi oscuro espanto desaparecerá, mi terrible premonición. Pago y me marcho, mucho más confiado.

Oprimo el timbre como si fuera la primera vez, como si no hubiera existido antes esa oscura instancia en que llamé y nadie respondió. Mi llamada es larga, como el lamento de una quena. (Recuerdo, en ese instante, que nuestra melodía favorita es *El lamento de amor indio:* con esa música nos hemos amado en otoño, en primavera, en invierno, en verano, a la mañana, a la tarde, a la noche, en los amaneceres rojos, incendiados de luz.) Me quedo esperando, a la puerta, vagamente nervioso. Nadie contesta. Al fin, cansado, grito:

—Aída, ábreme, ¡soy yo!

Aída no responde.

Desesperado, golpeo la puerta con las manos.

Entonces, escucho la voz de Aída, desde el otro lado:

—No quiero verte —dice.

Escucho las palabras, pero tengo dificultad de comprender el sentido. Al fin, lentamente, el sentido, duro, metálico, brutal, se abre paso hasta mi cerebro. Ha dicho que no quiere verme. Repito, como un autómata, la frase temida. No-quie-ro-ver-te. Debo esperar un instante, para que cuaje en mí, para que cunda, como un cáncer que desparrama sus células malignas en el organismo.

Quedo en suspenso, como un globo hinchado en el aire, que oscila lentamente en un espacio que no conoce. Me bamboleo, gran oso herido por un disparo que viene de la fronda lejana, y que lo ha tocado en sus partes vitales. Voy hasta la cabina telefónica próxima. Disco el número de Aída. Cuando escucha mi voz, Aída responde:

—No quiero oírte —y cuelga rápidamente.

Regreso a la casa de Aída. La puerta está cerrada, y yo me siento desplazado, a la intemperie, niño perdido en una feria. Súbitamente recuerdo una vez que mi madre me dejó fuera, en castigo a una falta, y en el terror de la noche que caía, yo tuve frío, hambre, necesidad de cariño y de estar recogido en casa.

—¡Aída! —imploro.

—¡Aída! —suplico.

—¡Aída! —reclamo.

—¡Aída! ¡Aída! ¡Aída! ¡Aída!

Aída no contesta.

Ha cerrado la puerta, blindada para mí. Ahora soy el exiliado de Aída, el desamparado. Su casa, como una tierra prohibida, me está vedada, clausurada, como su útero. No tengo patria, no tengo suelo, no tengo techo, no tengo vientre donde cobijarme. Son un náufrago que en la inmensidad hace señales desesperadas. Soy un desterrado, un apátrida, un huérfano.

La ausencia de Aída, su ira, me desencaja, como un trueno que hubiera arrancado mi raíz. Balbuceo y me desestructuro. En la calle, me echo a llorar como un niño extraviado. Si tuviera un bazuca, arremetería contra la puerta cerrada y la destruiría, para encontrarme con Aída. Con Aída que, iracunda, me rechaza con la torva decisión de los toros agraviados.

—No quiero oírte —ha gritado Aída.

Ahora, Aída es una mujer harta. Vuelve la cabeza, me rechaza, ahíta, como quien ha devorado demasiado dulce y repugna ya del azúcar.

Me encierro en mi casa, al lado del teléfono, a esperar la llamada que no llega. Confío en que en un momento de cordura y lucidez, Aída, más serena, vuelva sobre sus pasos y me llame. Que Aída retroceda y, con su voz de siempre, me invite a verla. Pero amanece (he pasado la noche en vela) y la llamada no se produce.

XXIV

El dolor es egoísta. Herido, dañado, dila-
cerado, vuelto una llaga abierta y purulenta
por la ausencia de Aída, soy un hombre insensible que sólo sabe llorar su pena, lo que ha
perdido, que sólo sabe sentir lástima de sí
mismo, quejarse, bramar de dolor, aullar, dependiente de su herida, anoréxico, insomne,
borracho, quejumbroso. Un hombre desgarra-
do, desgajado de su centro, escindido, perdido
de sí mismo, que anhela la muerte, que ansía
el olvido. Soy un hombre egoísta que mira su
hematoma, que contempla su muñón, que acaricia su miembro ausente, que observa la pro-
liferación de células malignas que destruyen
su cuerpo y su imaginación. Un hombre que
no conversa con nadie, que no piensa más que
en su dolor, que no ofrece una sonrisa, que no
hace chistes, que no seduce a nadie. Desmem-
brado por la ausencia de Aída, estoy separado, también, del resto del mundo.

No ignoro que hay otras catástrofes. Pero
el dolor es egoísta, y sólo tengo piedad, con-

miseración y pena por el mío. Hay hambre en algunos países, mujeres son maltratadas, enfermos padecen cáncer, alguna gente muere, otros no consiguen empleo; pero yo, sólo atento a mi pena, soy un hombre insensible al dolor ajeno. También a las alegrías. Si nadie puede compartir mi pena —ni siquiera Aída—, me niego a compartir las alegrías de los otros. Es más: me parecen unas alegrías pobres, infantiles, carentes de verdadero goce. Alguien se compra una camisa y me parece una frivolidad: ¿cómo puede alguien disfrutar de una prenda de ropa, mientras yo sufro y me desgarro por la ausencia de Aída?

Cuando quiero consolarme un poco, pienso en todos aquellos que alguna vez la amaron o fueron amados por ella y han sobrevivido a la separación. Ahora tienen otros amores, gozan, a veces consiguen ser felices. Pero yo no quiero otro amor, ni quiero gozar, ni quiero ser feliz. Ser fiel al dolor que siento por Aída es una manera de amarla todavía.

—Hay pasiones bruscas —dice Raúl—. Acaban tan violenta y rápidamente como comenzaron. Entonces, se siente una especie de rechazo: la sola visión del ser que la provocó causa angustia.

Aída no quiere verme, no quiere oírme. Yo, desamparado, vacilo por las calles, sufro accesos de llanto en los lugares más inesperados. Tomo pastillas, recetadas por Raúl. Semiadormecido por ellas, sueño con Aída. No resisto ninguna conversación que no tenga por tema a Aída.

—El rechazo aumenta el deseo —sentencia Raúl.

No puedo leer, ni escuchar música. Anonadado, soy uno que ha perdido el centro, el eje, la melodía, la causa, el efecto, la razón, la consistencia.

Escribo largas cartas a Aída que envío por mensajeros. No espero respuesta: sólo confío en que las lea. Conozco la implacabilidad de Aída y temo que las cartas terminen en el incinerador. Sin embargo, mi dolor no la ablandará. Es una mujer hastiada que sólo aspira a la soledad y al reposo, lejos de lo que hasta ayer constituyó su placer.

Compro flores y las envío a Aída, con una breve nota: «Te amo». Por lo menos, su amor a las flores permanecerá, las tocará con sus manos, las distribuirá en un jarrón (el azul prusia, que me gusta tanto), las contemplará. Si no ha podido ser fiel a su amor, podrá serlo, en cambio, con los bellos lirios.

Desesperado, sigo llamándola. A veces, Aída contesta al teléfono. Pero sólo para decirme:

—Te prohíbo que me llames.

Estoy interdicto, estoy prohibido. Ella es

177

la tierra vedada, la que no puedo pisar, el país que no me acoge, el suelo que me falta. Deambulo por las calles, angustiado, mirando sin ver, flotando sin raíces, puesto que ella era mi tronco, mi centro, mi eje. Vomito la comida que no he conseguido masticar: la ausencia de Aída es la bola alimenticia atragantada en mi faringe, que no logro hacer bajar. He adquirido una conciencia aguda de cada segundo, de cada minuto. El tiempo, sin Aída, se ha convertido en una lentísima sucesión de instantes que caen pesadamente al fondo de mi angustia, como a un pozo. Los siento pasar, lentos, pesados bueyes del dolor. Pierdo peso. Hambriento sólo de Aída, adelgazo cada día de su ausencia. No duermo. Desvelado como quien espera a su amante, repaso, momento a momento, nuestra vida en común, nuestras noches de amor, nuestras tardes de ocio. La memoria, desbocada, en lugar de borrar, evoca: soy una víscera sangrante, soy una pulpa herida, una entraña desgarrada que vibra y se mueve al compás de las imágenes que fluyen desde mi deseo insatisfecho.

—Pasará —dice Raúl para consolarme.

Pero yo no quiero que pase. No quiero dejar de amarla. Prefiero este dolor agudo, esta angustia agobiante al tedio del desamor, de la normalidad. No quiero volver a ser un hombre que conversa de banalidades, un hombre informado, uno que sabe lo que ocurre en el mundo, uno que no falta a su trabajo y cumple con sus deberes. El dolor es mi última manera de estar con Aída, de serle fiel, de prolongar mi pasión. No estoy separado de ella: en su ausencia, la memoria me acompaña, me sigue, me la proporciona allí, en todas partes donde ella no está. No he dejado un solo minuto de estar con ella, aunque nadie lo sepa. Aunque ella haya cortado el cordón umbilical que nos unía, yo sigo aferrado a su ombligo. Soy uno con el cordón al aire, un cordón que ya no tiene donde asirse y le cuelga, como un miembro fláccido.

—¡Por fin te he parido! —grita Aída por teléfono.

Soy el recién parido y abandonado. Soy el que acaba de nacer y es lanzado al mundo sin la protección de la madre. Soy el huérfano de Aída.

—Soy un hombre sin nombre —le digo a Raúl.

Si ella no me nombra, soy un ser anónimo, despersonalizado, sin carácter, sin identidad. Soy un niño castrado.

¿Quién he de ser, puesto que mi madre me ha abandonado? ¿Quién me dirá quién soy? ¿Quién va a decirme: «Tú eres Pedro» o «Tú eres Juan»? ¿Quién soy yo, si ella no me lo dice?

—No sé quién soy —le digo a Raúl.

Me miro al espejo y me desconcierto. No era en el espejo donde yo me miraba, sino que yo era el espejo en el que Aída se miraba. Este espejo ya no refleja a nadie. Me he quedado sin cuerpo que devolver, sin rostro que iluminar, sin fantasías que proyectar.

—No tengo cuerpo —le digo a Raúl.

Si no tengo cuerpo no tengo yo, pues el cuerpo es el sustento del yo. Ella, amándome, me confería un cuerpo. Ahora soy sólo una sombra, ingrávido y liviano. Un sexo fláccido, una cara sin rostro.

Carezco de madre, he sido lanzado a un mundo hostil sin protección ni auxilio. A la noche, boqueo en la almohada, buscando sus senos. Abro la boca, succiono el aire, chupo la tela blanca de la almohada y no encuentro el pecho.

—He sido destetado antes de tiempo —le digo a Raúl.

—No hay lactancia que dure toda la vida —me contesta.

Al quitarme su seno, me ha lanzado, solo e indefenso, a la tediosa vida cotidiana.

Ha cerrado su casa para mí, como su útero. Impenetrable la casa, impenetrable su cuerpo. Casa y cuerpo pegados, como la vulva y la concha, como el caracol y su rosca, como la tortuga y el caparazón. Casa y útero

180

prohibidos para mí. Sin embargo, Aída, yo amaba tu casa. Amaba tu casa como amaba tu cuerpo, y yo entre ambos, el recién nacido dotado de madre y dotado de hogar.

Sin Aída soy un hombre castrado, un deprimido, un flojo. Sin Aída soy un hombre melancólico, apático, abúlico, torpe, feo, lánguido. Tengo vergüenza de mí mismo. Si ella no me ama, no soy digno de mi amor tampoco. En vano algunas amigas intentan consolarme. Las miro con fastidio, las encuentro feas, mediocres, sin interés. No escucho lo que dicen, no soy capaz de conversar con ellas.

—La desintoxicación es lenta —dice Raúl.

El amor de Aída es droga dura.

—Tengo *mono* de Aída —le digo a Raúl. Sumido en dolorosa dejadez, en ebrio olvido de mí mismo, en adormecida fascinación del recuerdo, en larga hipnosis, abandono toda tarea, todo pensamiento, toda acción: como sonámbulo sólo realizo los gestos automáticos, sin conciencia, que puedo realizar sin concentración ni esfuerzo. Descubro, por ejemplo, que llevo tres días sin afeitarme, que hace dos noches que no duermo, que no hablo con nadie.

Cuando la pasión te ciegue,
vístete de negro
y vete adonde nadie te conozca.

(Proverbio hebreo)

El tren está a punto de arrancar. En esta
misma estación, hace dos años, Aída y yo
montamos en un vagón. En el compartimento
estrecho hicimos el amor toda la noche. Ahora viajaré solo. Esta vez no he reservado compartimento. Iré sentado, como quien ha hecho
una promesa. La promesa de velar. Soy el ve-
lador de Aída. Soy su guardián. Soy el solda-
do alerta de su memoria. He de escribir cada
uno de nuestros recuerdos. Condenado al olvido por su áspero corazón, condenado al olvido por su cuerpo cerrado para mí como una
cripta, seré el escriba de este amor. No imagino ninguna otra tarea que pueda hacer, ninguna otra ocupación en que pueda concentrarme. Sé que está en su casa, encerrada. Sé que

183

ha cambiado los muebles de lugar, quizás ha derribado una pared. Sé que no contesta el teléfono, ni recibe a los amigos, ni responde a mis cartas. Está tumbada en su lecho, sola. El tren está a punto de arrancar. He comprado un cuaderno negro donde empezar a escribir. Aída está vestida con su corta malla negra; debajo, nada. Alguno de sus vellos púbicos asoman por el triángulo de la ingle. El tren tiene las luces encendidas. Desprende el broche de la malla, sobre el sexo, y la tela se abre, estalla, como una flor. (Antes de partir, le he enviado una docena de lilas azules, con una leyenda: «Te deseo».) El tren comienza a andar, primero lentamente. Aída se acaricia los muslos blancos. Una caricia morosa, lenta, insinuante. Acaricia sus muslos con dos dedos, solamente: el índice y el mayor. Los pasa por la ingle, por el nacimiento de los vellos, por la cara interior y sedosa del muslo nacarado. Ahora, el tren avanza más rápido. Comienza a frotarse el sexo con caricias intensas, veloces. El clítoris, niño recién nacido, asoma la cabeza. Ahora, el tren avanza más rápido. Lo toma con la yema de los dedos y lo estira, como quien despunta una flor. Se escucha el silbido de la locomotora. El clítoris asoma, ingenuo, infantil, niño sin bautizar. Frota la vulva, los dos labios rojos y ansiosos. El tren va ganando velocidad. El clítoris se inflama, una gota brillante y transparente se ha fijado en su extremo. *Cuando la pasión te ciegue.* Veo su sexo, rojo, húmedo, palpitante. *Vístete de negro.* Me he comprado un traje oscuro para el viaje. *«Te conocemos», dijeron, sin embargo, las flores del campo. «Te conocemos», dijeron los caballos de la pradera.* Y el orgasmo estalla, entre estertores, como la fruta madura de Aída, como una parturienta que rompe aguas.

«Te conocemos», dijeron los lirios del campo.

¿Adónde he de ir, que nadie me conozca?

«A la casa de tu madre», me parece oír que murmura Aída, en el orgasmo.

Esta obra, publicada por
EDICIONES GRIJALBO, S.A.,
terminóse de imprimir en los talleres
de Hurope, S.A., de Barcelona,
el día 12 de mayo
de 1989

El tránsito nos resulta incomprensible, pero somos ese tránsito.

a mirada, pp. 27-28 :   lo que contiene a lo transitorio,
                        lo que dura y permanece ; lo que despliega
                        el locus sobre el que danzan lo mundable, lo
                        evanescente, lo pasajero y lo vertiginoso; es el
                        espacio o superficie de inscripción de las
                        mutaciones, del tránsito

El amor como derroche, exceso, gasto : pp. 119-120

El amor y el espejo : 147